Die Vorgeschichte

des Bauernkrieges.

Von

Wilhelm Vogt.

Halle 1887.

Verein für Reformationsgeschichte.

August Kluckhohn

gewidmet.

Vorwort.

Der große Bauernkrieg der Jahre 1525 und 1526 ist nicht zu verstehen ohne eine genaue Kenntnis seiner Vorgeschichte, die bis an den Anfang des fünfzehnten Jahrhunderts zurückreicht. Es handelt sich zunächst darum die Stellung des Bauernstandes in jeder Beziehung und die Agrarverhältnisse, wie sie sich auf Grund der mittelalterlichen Gesellschaftsordnung herausgebildet haben, zu untersuchen, um darüber Klarheit zu verschaffen, ob diese sociale Frage künstlich erzeugt worden ist oder ob sie das Ergebnis historischer Entwickelung, also ein natürlicher Prozeß ist. Eine zweite Aufgabe besteht darin nachzuforschen, welche Vor= schläge zur Besserung und Umgestaltung der Verhältnisse gemacht worden sind, wie weit diese Reformversuche sich mit dem Bestehenden abzufinden verstanden und im Bauernstande selbst Billigung und Annahme fanden. Wenn man oft behauptet hat, daß die Reformation die Bauernfrage verschärft habe, so lehrt die Vorgeschichte des Bauernkrieges, daß eine Verschärfung kaum mehr möglich war, zugleich aber auch daß diese Frage mit sanften Mitteln überhaupt nicht mehr gelöst werden konnte. Gesellschafts= ordnungen von dieser Tragweite sind niemals ohne Gewalt umgeändert worden.

Augsburg. **Dr. Wilhelm Vogt.**

Inhalt.

Erstes Kapitel.

Die rechtliche Stellung des Bauernstandes. Die Boden=belastung. Das Erträgnis der landwirtschaftlichen Arbeit.

Das christlich=germanische Rechtsbewußtsein forderte für die Menschen die persönliche Freiheit; in der That war sie auch in der alten Zeit ein Gemeingut der Deutschen [1]). Aber gerade germanische Einrichtungen, der Heerbann und das Lehnswesen nämlich, wurden die Feinde dieses alten volkstümlichen Besitzes und führten wie von selbst für einen Teil der Bevölkerung und zwar für die breite Masse der Landbevölkerung die Unfreiheit frühzeitig herbei. Dieser Zustand wurde für ein großes Uebel angesehen und als eine schwere Last empfunden, weil aus dem Volksbewußtsein die Erinnerung an das hohe Gut, das einst alle besaßen und sich nur ein geringer Teil zu erhalten gewußt hatte, nicht zu tilgen war. Die beiden Rechtsbücher des 13. Jahrhunderts, der Sachsenspiegel und der Schwabenspiegel, stellen die Freiheit als den ursprünglichen Zustand dar und leiten das Recht derselben aus der heiligen Schrift ab. Gott habe alle Menschen

---

[1]) Es ist dies nicht so zu verstehen, als ob es bei den Germanen keine Unfreie gegeben hätte; aber diese Unfreien waren ursprünglich fast ausnahms=los Kriegsgefangene oder Nachkommen derselben. Wenn schon Tacitus in seiner Germania (c. 24 u. 25) erzählt, daß freie Männer beim Würfelspiel sogar ihre Person und Freiheit auf den letzten Wurf einsetzten, so darf diese Notiz sicher nicht zu allgemein genommen werden. Diese Tollheit beschränkte sich auf Ausnahmsfälle und bildete nicht eine stehende Regel. Vergl. hier und über das folgende: Meitzen, der Boden und die landwirtschaftlichen Ver=hältnisse des preußischen Staates I, 365 ff.

erschaffen, sagt das ältere derselben [1]), und alle durch seinen Tod erlöst: der Arme gilt ihm soviel als der Reiche. Die Eigenschaft (Leibeigenschaft) komme von Zwang und Gefängnis und von unrechter Gewalt: und dieses Unrecht möchte man jetzt zum Recht stempeln. Der Schwabenspiegel spricht [2]) denselben Grundsatz aus: „Wir haben in der Schrift, daß niemand soll eigen (leibeigen) sein. Doch ist es also dahin gekommen mit Gewalt und mit Zwang, daß es nun Recht ist, daß eigene Leute sind." Diese Auffassung ging nicht verloren: das Volk betrachtete je und je die Leibeigenschaft als eine Sünde wider Gottes Gebot. In der sogenannten Reformation des Kaisers Sigmund heißt es: „Es ist eine unerhörte Sache, ein Unrecht, über welches man der Christenheit die Augen öffnen muß, daß es Leute giebt, die zu jemand sprechen: du bist mein eigen. Hat Christus so schwer gelitten, um uns frei zu machen und von allen Banden zu erlösen, so ist hierin niemand vor dem andern erhoben. In gleichem Stand hat er uns gefreit, es sei einer edel oder unedel, arm oder reich, groß oder klein; wer getauft ist und glaubt, gehört zu den Gliedern Jesu Christi."

Wenn also in der Reformationszeit die Bauern nicht mehr „eigen, sondern allein Christus sein (Christo gehören)" [3]) wollten, wenn die Bauernbeschwerden und Bauernklagen fast alle diesen Ton anschlagen, daß sie keine Leibherren mehr haben wollen, und nicht wie die Kühe und Kälber verkauft werden sollen, „dieweil wir alle nur Einen Herrn, das ist Gott den Herrn im Himmel, haben" [4]), wenn 1513 die Breisgauer nach ihrem ersten Artikel keinen Herrn als Gott, den Papst und den Kaiser anerkennen

---

[1]) Sachsenspiegel III, 42: Na rechter wahrheit so hevet egenscap begin von gedvange und von vengnisse und von unrechter walt, die man von aldere in unrechter wonheit getogen hevet unde nu vore recht haben wel.

[2]) Landrecht, Artikel 57: „Wir haben an der schrift, daz nieman sol eigen sin. Doch ist es also dar komen mit gewalt unde mit twancsal, daz es nu recht ist, daz eigen liute sin.

[3]) Brief des bayr. Kanzlers Dr. Leonhard von Eck vom 15. Februar 1525, siehe Vogt, bayrische Politik S. 384.

[4]) Vogt, Korresp. des U. Arzt Nr. 891, Beschwerde der Gotteshausleute von Ochsenhausen, ebd. noch viele Beispiele.

wollen, wenn weiter der dritte von den berühmten zwölf Bauern=
artikeln es ausspricht, daß die Leibeigenschaft etwas unbilliges
sei, „angesehen, daß uns Christus all mit seinem kostbarlichen
Blut vergossen erlöst und erkauft hat, den Hirten gleich als wohl
als (sowohl als) den Höchsten, keinen ausgenommen", so sind diese
Forderungen samt ihrer Begründung nicht etwas neues, sondern
uralte Anschauungen des christlich=germanischen Volksrechts.
Nicht die Reformation also hat den gemeinen Mann zu einem
falschen Verständnis der christlichen Freiheit verleitet und durch
ihr Evangelium vorher unbekannte Anschauungen in ihm geweckt,
sondern diese Rechtsanschauungen waren so alt, ja älter, als das Un=
recht, und wurden wacherhalten durch die Lage, in welche die Bauern=
schaft durch die Not der Zeiten geraten war. Je mehr sich die=
selbe verschlimmerte, um so sehnsüchtiger blickte man nach der
bessern Vergangenheit zurück, um so zornmutiger wurde es aus=
gesprochen, daß die Unfreiheit eine Sünde wider Gottes Gebot
sei. Dieser Sachverhalt muß mit dem größten Nachdruck hervor=
gehoben werden. Denn eine beliebte, aber falsche Anschuldigung
der Reformation geht immer wieder dahin, daß sie geflissentlich
die Unzufriedenheit des gemeinen Mannes durch ihre Predigt von
der evangelischen Freiheit erregt habe. Im Gegenteil aber ist
wahr, daß diese Volksanschauung ein viel höheres Alter hat als
die kirchliche Reformbewegung und daß der verbriefte Nachweis
hievon bereits in den angezogenen Rechtsbüchern klar und deutlich
zu lesen ist.

Die Kreuzzüge sollen auch dem Bauernstand Vorteile gebracht
haben, indem viele Bauern wieder die Freiheit erlangt hätten.[1]
Allein dieselbe ging jedenfalls im Laufe der folgenden Zeit wieder
dem größten Teile verloren. Die Freiheit wurde nicht die Regel,
sondern die Ausnahme. Die freien Markgenossenschaften
d. h. Gemarkungen, in denen ganze Sippen vollfreier Bauern
patriarchalisch zusammenwohnten, jeder neben seinem persönlichen
Besitz an urbarem Land noch seinen Anteil am Gesamteigentum

---

[1] Die weitverbreitete Ansicht, daß die Kreuzzüge eine wesentliche Aen=
derung zu Gunsten der deutschen Bauernschaft herbeigeführt habe, ist nicht
so sicher erwiesen, als manche zu glauben scheinen.

4

(Allmende), an Wald und Weide, Wasser und Weg hatte, ver=
schwanden allmählich mehr und mehr.[1]) Nur einzelne Dörfer
und Höfe erhielten sich da und dort ihre Freiheit selbst bis auf
die neuere Zeit. Solche vollfreie[2]) Bauern gab es noch im Norden
und Süden: in Oesterreich, Tyrol, Steiermark, Kärnthen und
Bayern; in Schwaben und Franken; am Rhein, bei den Nieder=
sachsen und Friesen: unter den letzteren ein Vorbild, wie man
mit der sozialen auch die wirtschaftliche Freiheit schützen müsse,
die Dithmarschen, welche im Jahre 1500 auf dem Damme zu
Hemmingstedt den Dänenkönig Johann mitsamt seinem stolzen
Heere besiegten Den Oberdeutschen aber leuchtete mit den glän=
zenden Bergspitzen der Schweiz das Andenken an den fast hundert=
jährigen Kampf herüber, in welchem die unerschrockenen Männer
das Gelüste der Habsburger bei Morgarten, Näffels und Sempach
blutig abgewehrt hatten. Indessen erwies sich die zerstörende
Macht der Verhältnisse stärker als Beispiel und Wille. Um die
Wende des 15. und 16. Jahrhunderts genossen, ein Zeichen der
Vollfreiheit, nur noch die Landgemeinden in Tyrol und Friesland
ständische Rechte. In Tyrol hatten sich die Städte und Bauern
durch die standhafte Treue, mit der sie den in Acht und Bann
stehenden Friedrich mit der leeren Tasche schützten, das Sitz= und
Stimmrecht in der Landtafel erworben. In Friesland hatte der
stolze und unbeugsame Sinn der Bauerngemeinden der Marsch
darüber gewacht, daß ihnen ihre Stellung auf den Landtagen
nicht genommen wurde.[3]) Und in beiden Fällen war die Bauern=
schaft, wie sonst keine in Deutschland, von der Natur geschützt:
hier wie dort verhinderte sie die starke Entwickelung landesherr=
licher und gutsherrlicher Gewalt.[4])

  Zwei Faktoren zeigten sich dem Freibauerntum besonders

---

[1]) K. Fischer, deutsches Leben und deutsche Zustände v. d. Hohen-
staufen bis zur Reformationszeit. S. 56 ff. u. 109.
  [2]) Man unterschied Großgüter, Mittelgüter, Kleingüter je nach der Anzahl von Mansen oder Hufen (Mansus eig. das Wohngebäude, Hofraithe.
Hufe = das Pflugland). Großgut 10 Mansen, Mittelgut 2, Kleingut darunter.
Manse oder Hufe 3—4 Morgen. Vergl. Meitzen a. a. O. S. 370.
  [3]) Unger, Gesch. der deutschen Landstände II, 110.
  [4]) Zöllner, z. Vorgesch. d. Bauernkriegs S. 67.

gefährlich: die Einführung des wirklichen Zehnten und der
Rückgang der königlichen Gewalt, beides Erscheinungen, die
weit in das Mittelalter hinauf reichen. Der Bauer brauchte
Rechtsschutz und Sicherheit für seinen Besitz und seine Arbeit,
und da beides nicht mehr mit starker Hand vom Kaiser gewährt
wurde, so sah sich jener gezwungen sich an den Mächtigsten in
seiner Nachbarschaft, an Feudalherren oder Klöster zu wenden
und für die Gewährung des Schutzes sich des Vollmaßes seiner
Freiheit zu begeben, ihre „Herrlichkeit" anzuerkennen und gewisse
Lasten zu übernehmen. So wurde auf dem platten Lande das
bäuerliche Eigentum „pfleghaft", zinsbar. Oder es ließen sich
freie Bauern von reichbegüterten Herren Grundbesitz mit der
Verpflichtung übertragen, dafür einen kleinen Zins zu entrichten.[1]
In diesen Fällen war das Eigentum nicht mehr echt; das echte,
das Obereigentum stand den Herren zu, die Bauern wurden Zins=
bauern. Zu solchen Zinsbauern kamen weiter solche, welche auf den
den Ritterbürtigen verliehenen Ding= oder Haupthöfen Besitz und
Nutzungsrecht besaßen. Auf sie wurde das Lehnssystem in der
Art angewendet, daß sie mit Diensten verschiedener Gattung, mit
Botendiensten, mit Hand= und Spanndiensten d. i. mit Fronden
belastet wurden.[2] In dem Maße, als die bäuerliche Bevölkerung
zunahm, erschien es als das Einträglichste für die Grundherren,
statt ihre Güter selbst zu bebauen, sie als kleine Bauernlehen

---

[1] Dieser geschichtliche Prozeß ist allerdings nicht überall der gleiche
gewesen. Aber er führte fast allenthalben zum gleichen Ziel. Beinahe jede
deutsche Landschaft hat, soweit sich heute diese dunkle Sache noch nachweisen
läßt, ihre eigenartige Entwicklung. Grundverschieden gestalteten sich ins=
besondere dort, so z. B. im Nordosten Deutschlands, die Verhältnisse, wo
ganze Länderstriche erst germanisirt werden mußten. Der Eroberer erwarb
da auch den Grund und Boden und vergab ihn nach Gutdünken; immerhin
aber führte auch dies zu agrarischen Verfassungen, unter welchen die bäuer=
liche Bevölkerung sich in der abhängigsten Stellung befand. Mit Recht sagt
also Meitzen a. a. O. S. 372: Es gebe eine solche Mannigfaltigkeit agrarischer
Verfassungen und Rechtsverhältnisse, „daß den eingehenden archivalischen
und rechtsgeschichtlichen Forschungen, so reichhaltige Materialien dieselben
auch bereits beigebracht haben, eine vollständige Sichtung doch noch keines=
wegs gelungen ist."

[2] Stobbe, deutsches Privatrecht II, 532 ff.

gegen Zins und Fronden an Bauern zu verleihen und also von diesen Abgaben und Renten, dem modernen Rentier vergleichbar, zu leben. Die Zeit solcher Vergabung oder Verpachtung stand im Belieben des Besitzers, der durch die Fortdauer seines Geschlechts (Adels) oder seiner Gemeinschaft (Klöster, auch Städte) für sein Eigentumsrecht nichts zu fürchten hatte, es also jeder Zeit wahren konnte. Diese Pächter, welche persönlich frei oder unfrei sein konnten und Colonen oder Grundholden genannt wurden, saßen auf ihrer Pacht in mannigfaltigen Abstufungen als unbeschränkte Erbpächter oder als Pächter auf mehrere Generationen oder als Zeitpächter auf Lebensdauer oder kürzere Frist. Nach dem geschlossenen Vertrage konnten sie entweder jeder Zeit entlassen werden oder die Entlassung war in aller Form ausgeschlossen. Wie dem Vertrag in jedem einzelnen Falle diese und andere Bestimmungen zufielen, so war demselben auch die Feststellung der Leistungen vorbehalten und daraus erklärt sich die fast unabsehbare Mannigfaltigkeit derselben. „Alle diese Bauern, mochten sie Leibeigene, besitzlose oder behauste Freie mit oder ohne Grundbesitz, die sich in den Schutz der Grundherren begeben hatten, oder Zinsleute sein, sie alle standen als dienstpflichtig der Herrschaft gegenüber." Die oben erwähnte Verleihung der Herrengüter in der Form von Bauerlehen vollzog sich im 15. Jahrhundert am meisten im südwestlichen Deutschland, also da wo die Bauernunruhen als Vorläufer des großen Bauernkriegs und dann dieser selbst, ihren hauptsächlichen Herd hatten. „Die Zahl der kleinen Bauern, denen namentlich Stücke geistlicher Besitzungen zur Bewirtschaftung übergeben wurden, wuchs fortwährend." Mit dem steigenden Angebot verschärften die Grundherren ihre Bedingungen. Die von Baltringen[1]) z. B. klagen bezüglich der Zinsen und Gülten, daß sich Güter fänden, „die jetzt eines als viel (so viel) geben, als vor zwei." Die Elmensweiler klagen, daß sie die Zinsen und Gülten nicht mehr „verschwingen" können. An Abnehmern fehlte es dennoch nicht; bei dem Wachstum der bäuerlichen Bevölkerung gab es besitzlose Bauernsöhne genug, die nach solchen freilich sehr stark belasteten Lehen

---

[1]) Korrespondenz d. U. Arzt Nr. 882. 887.

griffen. Sie mußten, auch im Norden Deutschlands z. B. in der Mark Brandenburg, einen Ackerzins entrichten, den Zehnten und zwar den Feld= und Fleischzehnten geben und außerdem auch sich zu Heer= oder Burgdiensten und Gemeindelasten verpflichten.[1] Allein diese starke Belastung mit harten Abgaben und Fronden verspürte der Uebernehmende doch, sobald er die Leistungen zu erfüllen hatte. Was blieb aber dem Betroffenen, wenn er durch die Sorge für Weib und Kind auf den Erwerb angewiesen und ohne Aussicht sein Loos verbessern zu können an die Scholle ge= bunden war, anders übrig, als das Schwerste, so gut es eben ging, zu ertragen und wenn er Gelegenheit fand, mit andern Leidensgenossen den Versuch zu machen, ob sich das Joch nicht vom Halse schütteln lasse? Zweifellos sehen wir hier sich volks= wirtschaftliche und soziale Verhältnisse entwickeln, die ungesund sind und deshalb keinen ruhigen Verlauf der Dinge erwarten lassen. Eine Lebensordnung, die auf kranken und unnatürlichen Grundlagen beruhte, mußte, wenn die ausgleichende Gerechtigkeit dies nicht irgendwie vorher verhinderte, zur Revolution des ge= drückten Standes führen.

Noch deutlicher erkennt man das, wenn man die bäuer= lichen Lasten, das „Chaos der bäuerlichen Lasten“, wie sich der Nationalökonom W. Roscher[2] ausdrückt, etwas näher be= trachtet. Im Ganzen kann man sie in zwei Klassen einteilen, und zwar in Natural= oder Geldleistungen und in Fronden oder Dienste: rechtlich betrachtet fallen sie entweder unter das Privat= oder unter das öffentliche Recht. Die Leibeigenschaft berechtigte ursprünglich den Herrn zur unbeschränkten Ver= fügung über den ganzen Erwerb und die ganze Zeit des Knechtes. Allein dies sklavische Verhältnis wurde allmählich durch Sitte und Recht dahin gemildert, daß der Hörige von den ihm über= wiesenen Grundstücken bestimmte Abgaben zu leisten oder auf den Liegenschaften seines Herrn bestimmte Arbeiten zu verrichten hatte. Daß aber außer in Hinterpommern die Leibeigenschaft im übrigen Deutschland — natürlich unter dem Einfluß der Kirche —

---

[1] Meitzen a. a. O. S. 378.
[2] W. Roscher, Nationalökonomik des Ackerbaues. S. 288 ff.

aufgehoben war, ist eine falsche Behauptung.[1]) Dagegen spricht nicht nur der fast einmütige Protest fast aller Bauernbeschwerden, die sich nicht mit der Illusion befaßten, was schon außer Gebrauch gesetzt war, noch abschaffen zu wollen, sondern auch thatsächliche Verhältnisse. Die Kemptener beschweren sich z. B., daß man freien Zinsern, wenn sie sich mit Leibeigenen des Abtes verheiraten, so lange den Gottesdienst verbietet, bis sich der freie Teil in die Eigenschaft des Abtes begibt, also ihm die „Freiheit und Gerechtigkeit genommen und in einen harten Staut (Staat) oder Stand wider Recht eingeführt" wird. Zu jenen Abgaben gehörten Zins, Gülten und Zehnten. Die Zinsen und Gülten sind Geldsteuern und vertreten ihrer Natur nach die Kapitalzinsen für Darlehen, mochten diese nun in Geld oder Gut bestanden haben. Bei dem herrschenden Mangel an baarem Geld und der Schwierigkeit seine Produkte um Geld abzusetzen zog es der Hörige oder Zinser vor durch Naturalleistungen seinen Verpflichtungen nachzukommen. Aber er mußte gar bald gewahren, daß er sich damit selbst eine Rute auf den Rücken gebunden hatte. Denn in demselben Verhältnis, als er durch Fleiß und Einsicht die Ertragsfähigkeit seiner Grundstücke steigerte, wuchs die Belastung, mochte die Abgabe nun schon gar in der dritten Garbe oder im Zehnten bestehen. Deshalb versuchte der Bauernstand im 15. Jahrhunderte an die Stelle der Naturalleistung vielfach wieder fixirte Geldabgaben zu setzen, wogegen die Herren, bei der steigenden Geldentwertung sich lebhaft sperrten, ein Widerstreit, der sich schließlich bis zu der Forderung der fast gänzlichen Abschaffung des Zehnten in den ersten Jahrzehnten des 16. Jahrhunderts auswuchs. Dieses Bestreben der deutschen Bauernschaft die Fixirung der Abgaben herbeizuführen war durchaus sachgemäß und hätte als allgemeine Reform durchgeführt zweifellos der Revolution den Boden entzogen, wenigstens dem gemäßigten Teil der Landbevölkerung durchaus genügt. Auch anderwärts wurde diese Forderung schon früher gestellt, aber hier wie dort abgewiesen. Die zahlreiche mährische Sekte der „Gemäßigten" z. B. wäre in den Zeiten des Husitentums gern bereit gewesen

---

[1]) Janssen, Gesch. des deutschen Volkes I, 277.

einen fixirten Jahreszins zu zahlen.[1]) In der Tha „bewirkte die Zehntform der Abgaben, welche dem Gewerbfleiß und Handel kaum auferlegt werden konnten, eine Ueberlastung des Ackerbaues."[2])

Dreierlei Zehnten hatte der Bauer[3]) zu entrichten: 1) den großen oder Kornzehnten d. h. die zehnte Garbe (den zehnten Teil) von Allem, was Halm und Stengel treibt; auch der Wein gehörte dazu; 2) den kleinen oder Krautzehnten von Gemüse, Obst und Wurzelfrüchten und 3) den Fleisch= oder Blutzehnten von den landwirtschaftlichen Tieren. Diese Belastung war sicherlich schon für sich genug, selbst wo es der Kirche nicht gelang dazu noch auf Grund von 3. Mose 27, 26 ff. den Levitenzehnten hinzuzufügen[4]) und wo der sogenannte Rutscherzins, der in der Lieferung von Hühnern zu bestimmten Zeiten, Fastnachts=, Ernte=, Martinshühnern, bestand,[5]) entweder nicht im Gebrauch war oder mild gehandhabt wurde. Nimmt man sogar an, daß der Grundholde schuldenfrei war und keinerlei schwere Schläge weder ihn noch seine Familie noch seinen Stall noch seine Feldfrüchte trafen, so waren 10%, die von dem Brutto=Erträgnis vorweggenommen wurden, eine zu starke Abgabe; denn er hatte doch auch seinen Haushalt, den Wirthschaftsbetrieb mit den Auslagen für Samen und lebendes wie totes Inventar zu bestreiten und obendrein noch seine Steuern an den Landesherrn (Teritoritalherrn, Fürsten 2c.) zu entrichten und anderes mehr. Es ist daher sehr zu bezweifeln, ob bei diesem System etwas nennenswertes erübrigt werden konnte. Wohl umsoweniger, als dasselbe auch noch die harte Einrichtung des Sterbefalls aufweist. Starb nämlich der Grundholde, so stand dem Lehnsherrn ursprünglich ein Erb=

---

[1]) Bezold, z. Geschichte des Husitentums S. 59.

[2]) W. Roscher, Gesch. der Nationalökonomie S. 21.

[3]) W. Roscher, Nationalökonomik des Ackerbaues S. 298.

[4]) Wenn Janssen I, 280 vom Zehnten gar nicht spricht, so hat ihn offenbar dazu der Umstand bewogen, daß ihn die Berührung dieses Punktes sowie manches andere verhindert hätte sein idyllisches Bild von der Lage der bäuerlichen Bevölkerung zu entwerfen. Vergl. Meitzen a. a. O. S. 384.

[5]) Runde, deutsches Privatrecht S. 447 versteht darunter den sich verdoppelnden oder wenigstens anwachsenden Zins für den, welcher seine Abgaben nicht zur rechten Zeit entrichtete.

recht auf das gesamte Vermögen des Verstorbenen zu, woraus
sich zusammen mit der Abgabe für den Besitzwechsel der Haupt=
fall, das Besthaupt d. i. das Todfallgeld[1]) gestaltete. Diese
Erbschaftssteuer betrug in den verschiedenen Gegenden nicht gleich=
viel, sie wurde aber wohl allenthalben, wie in den österreichischen
Herzogtümern, als „eine unzulässige Bedrängnis" angesehen. In
Niederösterreich, Salzburg, Bayern, Mähren machte sie 5, in Steier=
mark und Oberösterreich 10, in Kärnthen $14^2/_7$, in Würtemberg
(Ehrschatz) 10—15, aber auch bis 30 Prozent vom Wert des
Bauernhofes[2]) aus. Man darf doch wohl annehmen, daß diese
Steuer einen großen Teil des Erworbenen, vielleicht in gar
manchen Fällen das Ganze verschlang und zwar in dem Augen=
blick, wo vielfach der Tod des Vaters an sich schon ein großes
Unglück für die Familie war. „Wann Einer stirbt", klagen z. B.
die von Attenweiler,[3]) „so kommt dann er (der Abt von Weingar=
ten) und teilt mit der Frau oder mit dem Mann. Wir meinen, es
sei wider die göttliche Gerechtigkeit, daß er unsere Kinder erben
soll. Das erbarm Gott im ewigen Reich." Die von Beuren[4])
verlangen die Abschaffung des Ehrschatzes. Die Odenwalder und
Neckarthaler Bauernhaufen erklären in ihrem elften Artikel:[5])
„Den Todfall betreffen(d), soll laut des Artikels von jetzo an

---

[1]) Das Mortuarium betraf das beste Stück Vieh (Besthaupt, Haupt=
fall) oder das beste Kleid, das Laudemium die Abgabe einer Quote vom
Gutswert bei jedem Besitzwechsel. W. Roscher, Nationalökonomie S. 290.
Im Bistum Augsburg (Langenerringen) hieß diese Erbschaftssteuer Hand=
lohn und betrug bis in 40 oder 50 Gulden. Baumann, Akten S. 161.
„Das Laudemium besteht im zehnten Theil des Kaufgeldes und galt als
Zeichen frei veräußerlicher Güter und als deutsches Recht." Meitzen a.
a. O. S. 381.

[2]) W. Roscher, ebd. S. 292. Wenn Janssen I, 281 sich damit behilft,
daß er meint, die Erbschaftssteuer in den Städten sei noch viel höher —
oft bis 25% — gewesen, so findet sich nirgens eine Spur davon, daß sich
die Bauern durch diesen Vergleich getröstet hätten. Wenn er weiter anführt,
daß in Tyrol die Grundherrschaft vom ganzen Nachlaß nur einen Ochsen
erhielt, so übersieht er, daß dort der Boden zumeist sehr wenig wert ist und
war und das ganze Vermögen eben der Viehstand ausmachte.

[3]) Korrespondenz d. U. Arzt Nr. 881.

[4]) Ebd. Nr. 883.

[5]) Oechsle, Gesch. des Bauernkrieges S. 290.

todt und ab sein und surohin niemants zu geben nichts schuldig (sein)."

Neben den Geld= und Naturalleistungen bestanden noch die Fronden:[1]) Hand= und Spanndienste, Jagd=, Fischerei= und Bau= fronden (letzteres Scharwerk).[2]) Für diese gab es ebensowenig eine gleiche Norm wie für jene. Die ungemessenen Fronden gehören der Zeit der vollen Leibeigenschaft an und bestanden fast nirgends mehr. An ihre Stelle waren die gemessenen getreten. Die gemessenen Fronden sind nach Zeit und Gegenständen (Zeit= und Stückfronden) in jedem einzelnen Fall genau bestimmt. In Oesterreich hatte kein Fröner über zwölf Tage im Jahr Fron= dienste zu leisten. Diese Milde herrschte nicht überall. In manchen Gegenden mußten die Fröner im April und Mai vier Wochen lang Dienste thun, hernach bis Johannis täglich Nachmittags; andere hatten einen Tag Heu zu mähen, einen Tag Heu zu rechen, einen Tag Korn zu schneiden und fünf Karren einzuführen; wieder andere mußten eine gewisse Anzahl von Morgen von der Bestellung der Saat bis zur Einheimsung der Ernte besorgen, zuweilen sogar das nötige Saatkorn selbst liefern. Wenn die Unterthanen der Herrschaft Stadion sich beklagen, daß sie „mit täglichen Diensten und Dienstgeld" hart beschweret seien, und um Milderung und Verringerung derselben bitten, weil gar oft „Einer das sein(ige) muß liegen lassen und großen Schaden durch solches empfangen", so sieht man, was es selbst mit den gemessenen Fronden zuweilen für eine Bewandtnis hatte. Eine mildernde Einrichtung war es, daß die Fronden Tags vorher angesagt werden mußten und nicht nachgefordert werden durften. Viele Herrschaften hielten auch darauf, daß die Fröner während ihrer Arbeit entsprechend verköstigt wurden.[3]) Es lag das wohl in ihrem eigenen Interesse, denn der hungrige Arbeiter ist wider=

[1]) W. Roscher, Nationalökonomik S. 290.
[2]) Keinen wirtschaftlichen Charakter trugen Fronden, wie das „Stillen der Frösche" (Grimm, Rechtsaltertümer S. 355.), oder das Flöhesuchen im Bett der Herrschaft. Roscher ist geneigt, diese Dienstleistung mehr aus altertümlicher Symbolik, als durch Uebermut zu erklären. Es macht aber doch den Eindruck, als ob zuweilen der Uebermut dabei auch nicht gefehlt habe.
[3]) Janssen I, 281.

willig und leistungsunfähiger. Verpflegungspflichten existirten
auch noch in andern Fällen. Wenn die Hörigen ihre Abgaben,
sei es an Geld oder an Naturalien, überbrachten, wurden sie
gütlich bewirtet, hie und da gekleidet und selbst mit Musik und
Tanz erheitert.[1]) Es bildeten sich auch bei diesen „Ergötzlichkeiten"
durch das Herkommen Rechtsbräuche heraus, die zu Pflichten
seitens der Herrschaften wurden und auf deren Erfüllung dann
die Grundholden ebenso bestanden, wie sie selbst ihre Leistungen
zu entrichten gehalten waren. Wo beiderseits der gute Wille
vorhanden war, verlor selbst das harte System durch das persönliche Entgegenkommen etwas von seinem Druck. Die Erkennt-
lichkeit der Herrschaft, die sich in den erwähnten Gegenleistungen
ausdrückte, versüßte dem Bauer doch ein wenig die Bitterkeit
seiner zahlreichen Leistungen und Reichnisse. Aber man würde
sich täuschen, wenn man annehmen wollte, daß die Grundherren
überall so menschenfreundlich dachten. Die Langenerringer[2]) z. B.
machten andere Erfahrungen, sonst hätten sie sich nicht „ernstlich"
zu begehren veranlaßt gesehen: „So wir die Gülten heimführen,
daß man uns und auch den Rossen zu essen und trinken nach
ziemlicher Notdurft zu schaffen gebe und verordne." Die Kis-
legger Bauern,[3]) sehr häufig als Treiber bei den herrschaftlichen
Jagden herangezogen, empfingen am Abend zum Lohn für ihre
Arbeit Beschimpfungen und Schläge. „So einer gleich ein ganzen
Tag gejagt, ... ongessen und ontrunken oft Einer kaum gehen
(zu gehen vermochte), dannoch laufen müssen, sein Dank und
Belonung in Schelten, Fluchen und Anschwören gewest, oder
gleichwohl alsbald darzu umb den Kopf geprügelt und geschlagen
worden, darzu auch unser Frucht im Feld mit Beizen verheert
und vertriben, das doch billich zu beschechen nit sein solle."

Als sicher kann angesehen werden, daß die Grundholden
viel schwieriger sich ihren Verflichtungen entziehen konnten als
die Grundherren. Die letzteren hatten die Gewalt und je nach
ihrem Besitzstand eine entsprechende Anzahl dienstbeflissener Be-

---

[1]) Ebd. 282. Die Bringzinsen sind die [Regel; es gab aber auch
einzelne Holzinsen, die der Herr selbst abholte oder abholen ließ.

[2]) Baumann, Akten Nr. 167.

[3]) Ebd. Nr. 104.

amter. An wen aber sollten sich die Hintersassen, mochten es nun freie oder unfreie sein, mit ihren Beschwerden wenden bei der völligen Auflösung, der das Gerichtswesen verfallen war? Im achten Artikel ihrer Beschwerden sagt die Gemeinde zu Baltringen:[1] „So sind wir beschwert mit Boten und Verboten. Darum so ist jetzt unsere Bitt und Begehr, welcher das Recht begehrt und anruft, das soll ihm nit abgeschlagen werden und nit übereilt." Selbst wenn eine Beschwerde die ganze Gemeinde traf und in Aufregung versetzte, so daß sie sich entschloß gegen die Plackerei irgend welcher Art aufzutreten, — so war noch nicht ausgemacht, ob selbst dann sich ein Erfolg voraussehen ließ, denn der Einspruch gegen die Competenz der Vertretung der Gemeinde und die Verschleppung auf dem Rechtsweg sorgten schon für die Erfolglosigkeit. Die Herrschaft war auch in dieser Beziehung besser daran. Sie erhob sofort gegen jeden Mißbrauch Einspruch und griff zu Strafen, denen der Hörige sich nicht entziehen konnte.

War er frei, so konnte ihn freilich der Grundherr nicht hindern den Hof zu verlassen, allein zuvor mußte er seine Verpflichtungen an etwa rückständigen Zinsen und sonstigen Leistungen und Schulden bereinigt haben. Den Aebten von Kempten gefiel dieses Recht freilich nicht. Auch dort[1] hatten ursprünglich die freien Zinser den „freien Zug" im ganzen Reich ohne „alle Schatzung"; aber plötzlich war es den Prälaten eingefallen eine neue „Gerechtigkeit" zu machen und demjenigen, der sich aus des „Gotteshauses Herrlichkeit und Obrigkeit" ziehen wollte, den dritten Pfennig seiner beweglichen und unbeweglichen Güter abzunehmen. Der Abt, zur Rede gestellt, konnte dies nicht ableugnen. Der dritte Pfennig sei schon lange im Gebrauch und freien Zug hätten sie nicht, außer nach Kempten. „Der Zinser (ist) seins Leibs halben nit frei und ledig seines Willens zu handeln." Verfuhr man so schon mit den freien Grundhörigen, welcher Bedrängung werden dann erst die Leibeigenen ausgesetzt gewesen sein? Die unfreien Hintersassen waren an die Scholle gebunden, denn darin bestand vor allem die Leibeigenschaft, daß

---

[1] Baumann, Akten Nr. 62.

sie das Freizügigkeitsrecht völlig ausschloß, und das galt hier auch für die Kinder.[1]) Die von Bußmannshausen,[2]) dem Hans von Roth zugehörig, wollen aus diesem Grund die Leibeigenschaft aufgehoben wissen. „Wenn einer von uns," klagen sie, „einen Sohn oder Tochter ihnen zu Nutzen außerhalb der Güter des Herrn verheiraten will, so gestattet es derselbe nicht außer um Geld." In der „Beschwärnuß" der Gemeinde Baustetten, dem Kloster Heppach unterthänig, liest man: „Dieweil kein Biedermann seine Kinder verheiraten darf, er köffs (kaufe sie) denn (zu)vor dem Herrn ab, . . . vermeinen wir nit mehr leibeigen sein (zu sollen)." Daß die Leibeigenschaft diese Bedeutung, wie wir sie angegeben haben, wirklich besaß, beweist am deutlichsten die Milderung, welche 1525 der Rat zu Biberach auf die Forderung mehrerer ihm unterthänigen Bauergemeinden, die Leibeigenschaft aufzuheben, eintreten ließ.[3]) „Darinnen will ein Rat," so lautet der Beschluß, „gegen ihnen als sein selbst eignen armen Leuten die Milderung suchen und pflegen und ihnen das in dem Stuck zu= und nachlassen, daß sich ein jedes derselben leibeigen Menschen, es seien Mann als Frauen, wohl gegen andere Personen, wer und wo sie seien, ehrlich wohl verheiraten mögen, doch daß dieselben Eigenleut nichts destoweniger für und für dem heiligen Geist zu Bibrach jährlich mit Richtung (Reichung) der Leibhennen bleiben und (z)war also, so sie ersterben, daß dann ihre verlaßnen Erben für Fall= und Hauptrecht dem Spital nit mehr zu geben schuldig sein sollen, dann ein(e) Salzscheiben. Und so sich auch dieselben Eigenleute vor ihrem Tod vom Spital wollten erkaufen, so soll ihnen dasselb gestattet und von einer Frauen nit mehr dann vier Gulden und von einer Mansperson nit mehr dann zwei Gulden, aber wohl darunter, genommen werden." Es lag also lediglich im guten Willen der Herrschaften, die Härte der Leibeigenschaft zu mildern oder in allen ihren Folgen walten zu lassen.

Nicht anders verhielt es sich mit den Strafen, denen pflicht=

---

[1]) Zu vergl. selbst die spätern Bauernordnungen von 1570 u. s. w. bei Meitzen a. a. O. S. 381: „homines proprii et glebae adscripti."

[2]) Korrespond. d. U. Arzt Nr. 55.

[3]) Korrespondenz d. U. Arzt Nr. 886.

säumige Hörige verfielen. Es ist wahr, daß die Hofrechte und
Weistümer über solche, die nicht zur rechten Zeit ihre Abgaben
leisteten, meistenteils nur eine unbedeutende Geldbuße oder die
Strafe in einigen Broden oder Maas Wein bestehend aussprachen.[1]
Die schonenden Bestimmungen beweisen nun, wo sie galten, nicht
nur den milden, sondern auch den vernünftigen Sinn der
Gesetzgebung, denn ein säumiger Schuldner, dessen Saumsal in
den meisten Fällen in seinem Unvermögen seinen Grund hatte,
würde kaum dadurch leistungsfähiger geworden sein, daß man ihm
zu hohe Strafen auferlegte. Indessen sprachen diese Rechte auch
höhere Strafen aus z. B. die Auspfändung, ja sogar den Verlust
des Gutes. Man sollte freilich „bey Allem nit leichtfertig zu Wercke
ghen, sonder dem Säumigen Zeit lassen und nit zu hart bestrafen;
und wenn er arm ist, Barmherzigkeit mit im üben, ußgenommen
die eigentlich schuldbaren, die ir Sach versümen und widerspenstig
sint."[2] Diese menschliche Nachsicht ist ohne Zweifel vielfach geübt worden, besonders von begüterten Herrschaften und da wo
die Landesgewalt ein wachsames Auge darauf hatte, wie z. B.
im bayrischen Herzogtum, daß der Bauer nicht unmäßig geplagt
wurde. Aber wo der landesherrliche Schutz fehlte und die Herrschaft auf die Gefälle weniger Güter angewiesen waren, da war
häufig Schonung und Erbarmen zu vermissen. Die Gemeinde
von Rißtissen, dem Junker von Stotzingen zugehörig[3] führt
Klage darüber, daß Renten und Gülten mit Drohungen gefordert
und mit Spießen eingetrieben werden. „Sollich Ueberlaufung
und Drohung außerhalb des Rechten will ein ganze Gemein
fürohin nit mehr leyden keineswegs." Die von Alberweiler[4]
beschweren sich, daß man ihnen bei Pfändungen das Recht, wie
sie es verlangten, verweigert habe.

---

[1] Im Sachsenspiegel dagegen (B. 1 Art. 54) findet sich die äußerst
strenge Bestimmung: „Swer seinen Zins zu rechten Tagen nicht engibt, zwei
Gelde sal er in geben des andern Tages und alle Tage also, diwile er in
under ime hat."

[2] Janssen I 284, wo noch einige derartige milde Bestimmungen angeführt sind.

[3] Korrespondenz d. U. Arzt Nr. 893.

[4] Korresp. d. U. Arzt Nr. 880.

Die Billigkeit der Herrschaften gegen ihre Unterthanen war, wie es scheint, nicht so groß und allgemein, als man uns von mancher Seite glauben machen möchte. Denn sonst würden die Klagen hierüber in den verhältnismäßig sehr wenigen Bauern= beschwerden, die auf uns gekommen sind, nicht immer wieder= kehren. Dahin gehört auch, daß auf die unverschuldete Not keine Rücksicht genommen wurde, wenn Naturereignisse, wie Hagelschlag oder Mißwachs, den Landmann um die Ernte brachten und er den= noch Zins und Gülten in vollem Umfang zu zahlen angehalten wurde. Wenn durch Ungewitter, durch Wasser oder Feuer ein armer Mann seine Früchte verliert — schreiben die Gemeinden Depfingen und Griesingen [1] über ihren Junker Ludwig von Freiberg — so besteht doch der Lehnsherr darauf, daß ihm die Gülten gegeben werden; da sollte doch „der Lehenherr umb die Gült komen sein, als wohl als (so gut als) der arm Mann umb sein Frucht." Auch die von Langenschemmern [2] meinen, wenn Feuer, Wasser oder Hagel Schaden bringen, „so soll es dem Lehenherrn als wohl geschehen sein, als uns." Derselben Ansicht war die Gemeinde Brunnen: „Wenn der Hagel schlägt, daß er soll dem Herrn als wohl schlagen als den andern." Man kann es nicht billig nennen, wenn die Gemeinde Thannheim [3] dem Kloster Ochsenhausen Gülten und Zins im vollen Betrag für Aecker und Wiesen zahlen mußte, welche die Iller weggerissen hatte.

Große Mißbräuche schlichen sich auch ein durch neue Steuern, die man den Unterthanen auferlegte. In den Abgaben und Lei= stungen, welche die Herrschaften empfingen, lag schon eine Ver= gütung für Schutz und Schirm, die sie auch in Kriegsläuften ihren armen Leuten zu gewähren hatten. Dennoch kam noch mit der Zeit eine eigene Kriegs= oder Reißsteuer auf, mit der allerlei Unfug getrieben wurde. Es genügen einige Beispiele. Die Baustetter mußten diese Steuern bezahlen, gleichviel ob ein Landeskrieg ausgebrochen war oder nicht. Die Unterthanen des Klosters Kempten [4] beklagen sich nicht darüber, daß sie Reißgeld

---

[1] Korresp. d. U. Arzt Nr. 889.
[2] Ebd. Nr. 888.
[3] Ebd. Nr. 891.
[4] Baumann, Akten S. 70.

zahlen müssen, so oft ihr Abt dem Reiche oder dem schwäbischen Bund im offenen Kriege Hilfe thut, sondern darüber, daß „viel mehr von uns deshalb erfordert und genommen wird", als das Gotteshaus dafür ausgibt. Als ein eklatantes Beispiel, wie manche Herren mit ihren Leuten umgingen, sei noch die Schilderung hergesetzt, welche die Gemeinde Rottenacker[1]) von dem Verfahren ihres Grundherrn, des Abtes von Blaubeuren, entwirft. Es „hat ein Hube geben vier Pfund Zins oder Heugeld; jetzt so hat man uns dreißig Schilling darauf geschlagen und uns dabei zugesagt; wir dürfen weder reisen (Kriegsdienste thun) noch dienen. Wir müssen aber jetzt die dreißig Schilling geben und darzu reisen und dienen". „So hat es sich begeben in Jahresfrist, daß uns unser Herr, der Abt von Blaubeuren, hat zuentboten, wir sollen zwen bestellen, die sollen warten auf den Krieg. Wir haben (ge)than als die gehorsamen und zwen bestellt und jedwedem geben ein Gulden, wie ein Zeitlang der Brauch ist gewesen, doch nit lang. Nun bald darnach ist unser Herr eines andern zu Rath worden, ehe dann in acht Tagen, und uns sein(en) Schreiber zugeschickt, er woll die Leut nit, sie sollen ihm schicken drei Gulden. Do das ist kumen für ein Gemeind, hat es sie unbillig gedünkt und ihrem Herrn zugeschickt und ihn freundlich lassen bitten, er soll darvon stan (abstehen) und soll annehmen die zwen, die sie ihm bestellt haben; wann (denn) sie haben ihnen geben zwen Gulden, und müßten sie ihm jetzt drei geben, so wären die zwen verloren, die sie den zway bestellten hätten geben. Darzu so wär ein Gemeind arm und hätt jetzt zumal nit Geld; es wär auch vor(her) solches in ihrem Dorf nie erhört worden. Aber da war kein Gnad; er wollt haben dry Gulden. Und do wir uns also haud (haben) gewehrt der dry Gulden, ward er über uns erzürnt, und darnach wollt er nit minder dan (als) fünf Gulden. Und wollten wir mit Fried mit ihm sein, haben wir ihm müssen fünf Gulden geben, das doch von Niemand erhört ist. Und do wir ihm die fünf Gulden geben (haben), hat er uns treulos Lyt (Leut) gescholten, darob ein Dorf nit ein kleine Beschwerd hat, wann (denn) wir haben alweg thon (gethan) als

---

[1]) Korrespondenz des U. Artzt Nr. 896.

die gehorsamen und wolltens noch gern thuen, wenn man uns
ließ (e) bleiben bei zymlichen Dingen." Dieser an sich unbedeutende
Vorfall wirft mit allen seinen Einzelheiten ein helles Licht auf
das ganze Verhältnis zwischen Grundherren und Grundholden:
boshafte Willkürlichkeit, Mangel an Billigkeitsgefühl und Gewaltthätigkeit auf der einen Seite, auf der andern erzwungenes
Sich = Fügen und Nachgeben um des Friedens willen und um
noch Schlimmeres abzuwenden.

Rechtlos waren die Hörigen allerdings nicht, 'aber sie
kamen vielfach nicht zu ihrem Recht, indem die Herren sich
nicht um das, was Rechtens war, kümmerten oder sogar mit
Gewaltmaßregeln vorgingen, die wider Gesetz und Herkommen
stritten. Das konnte nur in einer Zeit geschehen, wo die öffentliche Rechtspflege, das gesamte Gerichtswesen sich im kläg-
lichsten Zustand, in der größten Unordnung befand. Durch das
römische Recht wurde das deutsche verdrängt: das „alte einfeltig
Recht durch fremde Recht verdruckt". Die Advokaten haßte
der arme Mann nicht mit Unrecht als Rechtsbieger, Beutel-
schneider und Blutsauger, welche wahrhaft erfinderisch waren neue
Lasten auszuklügeln und mit Spitzfindigkeiten das klare Recht in
sein Gegenteil zu verkehren. Es widersprach z. B. dem Recht,
daß ein Grundherr die Verlassenschaft eines Hörigen an sich
zog, so lange noch Verwandte desselben lebten, denen es zustand
den Verstorbenen zu beerben. Dennoch schlich sich dieser Mißbrauch auch in Deutschland ein. Von Böhmen wissen wir
genau, daß dies dort schon Ende des 14. Jahrhunderts so in
Uebung war, daß sich der Erzbischof Johann von Prag dagegen
einzuschreiten veranlaßt sah. In einem Erlaß schreibt er, schon
seit längerer Zeit habe er erfahren, daß auf den Kirchengütern
eine heidnische Gewohnheit herrsche. Man gestatte nämlich
nicht, daß die Zinsbauern, die doch frei seien, wenn sie kinderlos
sterben, ihre beweglichen und unbeweglichen Güter und Rechte
an ihre Verwandten vererben, sondern die Kirche (d. h. die geistlichen Herren) zöge alles ein, ohne irgend eine testamentarische
Verfügung oder ein Erbrecht anzuerkennen. Dies streite aber
gegen das göttliche, menschliche und canonische Recht. Es wird
ausdrücklich berichtet, daß diese edelsinnige Verfügung wirkungs-

los geblieben ist.[1]) Die Kemptener Gotteshausleute bezeichnen in ihrem siebenten Artikel[2]) diese Erbschaftsentziehung als ein schon seit längerer Zeit von mehreren ihrer Prälaten geübtes ungerechtes Verfahren. „Nämlich wann ein ledige Person, dem Gotteshaus verwandt, abgestorben ist, weder Vater noch Mutter hinter ihr verlassen, so hat in solchem Fall ein Prälat der abgestorbnen Personen verlassen Gut gar genomen, weder Brüdern noch ihr verlassen Schwestern oder derselbig Kinden von gefallner und gebührlicher Erbschaft nichts geben". Der Abt konnte in seiner „Verantwortung" die Thatsache nicht in Abrede stellen, sondern berief sich auch hierin auf den „langwierigen, ruhigen Gebrauch und Inhaben". Aehnliche Erfahrungen muß auch die Brigthaler[3]) Bauernschaft gemacht haben, denn sie fordert, daß ihr Herr keinen erben soll, der noch Verwandte hat.

Eine schlechte Rechtspflege zeigt sich in willkürlicher Verhaftung, in wüllkürlichen hohen Strafen, in einem ungeordneten willkürlichen Rechtsgang und darin, daß einer seinem ordentlichen Richter entzogen wird. Bedenkt man, daß die Nachrichten, in denen der Bauernstand seine Lage schildert, nichts weniger als zahlreich sind, und daß sich gerade in diesem Punkt viele Klagen vorfinden, so darf man wohl den Schluß ziehen, daß wir es nicht blos mit vereinzelten Erfahrungen zu thun haben. Wir unterlassen es dabei, schon jetzt z. B. auf das tyrannische Regiment eines Herzogs Ulrich von Würtemberg einzugehe.n Die Rappersweiler[4]) z. B. beklagen sich, daß man ohne geordnete Gerichtsverhandlung und ohne Urtheil ein Vergehen mit Gefängnißstrafe ahnde. „Ob sich Einer (oder mehr) übersehe und handelte, darumb er gefänglich angenomen werden möcht, derselbig oder dieselbig, sofer sie das Recht anrufen und desselbig haben zu vertrösten, dieselbigen dabey gehandthabt und in kein Gefängniß geführt werden: und was zu Recht von einem ehrsamen Gericht erkant wird, dabey soll es bleiben". Die Neckarthaler

---

[1]) Zöllner, z. Vorgeschichte des Bauernkrieges S. 23.

[2]) Baumann, Akten S. 63.

[3]) Ebd. S. 97.

[4]) Korresp. d. U. Arzt Nr. 895 zu vergleichen ebda Nr. 55 Art. 11. Nr. 880. 882, Artikel 8. 883 Art. 7 und 12.

und Odenwalder Bauern[1]) sehen sich veranlaßt zu verlangen, „daß ein Jeder mit Recht umb sein Verschulden gestraft werden soll, wie von Alter herkomen!" Am schlimmsten benahmen sich auch in dieser Beziehung die kleinen Gewalthaber gegen ihre Unterthanen; in empörender Weise setzten sie sich über Gesetz und Recht hinweg und mißhandelten schamlos die Leute, die ein unglückliches Loos zu ihren Hörigen gemacht hatte. Ein solcher Herr muß der schon genannte Ludwig von Freiberg gewesen sein; von ihm berichten zwei ihm zugehörige Bauerngemeinden:[2]) „Es sind etlich Lut (Leute) von dem ihren gedrungen worden, das ihr eigen ist und recht und redlich und theuer erkauft haben, und daß sie das nit können noch dürfen genießen noch brauchen nach ihrem Nutz und Notdurft; und sind um das ihre türnt und plekt (in den Thurm geworfen und in den Block gelegt) worden, das Gott erbarm. Und haben die Wahrheit nit dürfen reden und das Recht nit (be)gehren, damit und daduch wir Armleut worden sind. Und ist also die Meinung: dem Armen auch Recht soll gon (soll der Rechtsweg offen stehen) und die Obrigkeit kein Gewalt brauchen. Item es ist aber gewesen und ist noch: wann ein Armmann (armer Mann) Recht begehrt hat, so hat der Edelmann den Armen beim Koller genommen und gesagt: Ich will dir Recht thun, und hat ihn in einen Turm gelegt. Das hat der Arme müssen leiden, so (auch wenn) ihm dreifältig Unrecht geschah". Aehnliche heillose Zustände waren auch im Gebiet des Kemptener Abtes seit geraumer Zeit („von vil abgestorbnen Prälaten, Ambtleuten") an der Tages= ordnung. Diese geistlichen Herren entblödeten sich nicht „ohne vernünftige, rechtmäßige Ursachen" freie Zinser so lange in den Turm zu sperren, in Stock und Block zu legen, bis die gequälten Opfer sich dazu verstanden durch Verschreibung auf ihre Freiheit zu verzichten. Bei einem solchen System kann es nicht wunder- nehmen, wenn auch die Strafrechtspflege sich haarsträubende Un- gerechtigkeiten zu Schulden kommen ließ, wenn „mancher fromme Bidermann aus großem Neid und Haß ohn all vernünftig und

---

[1]) Oechsle, Gesch. d. Bauernkriegs S. 374.
[2]) Korresp. d. U. Arzt Nr. 889.

rechtmäßig Ursachen gefänglich angenommen und ihm in derselbigen seine Glieder errissen worden". Ohne zwingende Gründe konnten sicherlich diese „armen Leute" solche Aussagen nicht machen und um eine geordnete Untersuchung und gesetzliches Urteil bitten: „Wann sich auch der Fall begeben, daß des Gotteshauses Kempten Unterthon(en) mit einem oder mehr Malefizhandel oder Händel verargwohnt oder verleumdet würden, ist unser unterthänig, demüthig Bitt und Begehren, derselbigen verleumdeten Personen Nachbarn zu fragen und an(von) denselbigen vormals fleißig zu erfahren, was Wandels, Sitten und Wesen die verleumdete Person ihr Leben lang von Jugend auf gewesen sei, damit kein arm Mann unbeschuldet (ohne Schuld) größer und mehrer verleumdet und mit harter Gefängniß seine Glieder errissen und erbrochen werden".

Der Zweifel daran, ob diese Anschuldigungen, ja Anklagen auf Wahrheit beruhen, wird durch den Umstand widerlegt, daß der Abt in seiner „Verantwortung" nicht einmal den Versuch wagte, diese Vorwürfe zu beschönigen und in ein besseres Licht zu setzen, sondern mit vielsagendem Stillschweigen darüber hinwegging. Die Art, wie diese Dinge berichtet werden, schließt aber auch die Annahme aus, daß es sich blos um Ausnahmsfälle handele: es sind vielmehr mißbräuchliche Zustände, welche die Zeit und das ganze Rechts= und Gerichtswesen überhaupt charakterisiren. Denn sogar die Einrichtungen des Kaisers Maximilian I., das Kammergericht und Anderes, an sich gut gemeint, schufen nur geringen Wandel. Dazu hätte es anderer Kräfte und Anstrengungen bedurft. Der arme Mann blieb gegen den Reichen und Mächtigen rechtlos; und deshalb ist die Klage über parteiische Rechtspflege allgemein[1]). „Das edel Recht ist worden krank, dem Armen kurz, dem Reichen lang" lautete ein hergebrachtes Sprichwort, das damals in aller Munde war. Die allgemein herrschende Unordnung, den Mangel eines stärkern Armes der Gerechtigkeit hatten am allermeisten die unteren Bevölkerungsklassen zu spüren, und unter ihnen nahm die bäuerliche Bevölkerung den weitesten Raum ein.

Eine dritte bedeutsame Frage, um von der Lage einer

---

[1]) Bezold, in Sybel's hist. Zeitschrift Band 41, S. 21.

Bevölkerungsklasse ein den Thatsachen entsprechendes Bild zu
entwerfen, ist die finanzielle. Wie war in dieser Beziehung
der Bauernstand in den letzten dem Bauernkrieg vorausgehenden
hundert Jahren gelagert? War der Ertrag der ländlichen Arbeit
lohnend und zufriedenstellend, so daß sich derselbe im Einklang
mit dem Ertrag der bürgerlichen, oder sagen wir, städtischen
Arbeit befand oder nicht? Sah sich der Bauernstand in Folge
dessen in einer materiellen Lage, die von derjenigen der übrigen
Stände nicht allzusehr abstach oder war das Gegenteil der Fall?
Es ist klar, daß diese wichtigen Fragen sehr schwer zu beantworten
sind, wenn es sich um eine Bevölkerungsklasse handelt, die auf
einem so ausgedehnten Raume, unter verschiedenartigen Besitz-
und Bodenverhältnissen lebt, wie die gesamte deutsche Bauernschaft; zudem haben sich auch in dieser Hinsicht bestimmte und
unzweifelhafte Nachrichten nur in spärlicher Anzahl erhalten.

In dem Buch „von den Früchten"[1]) wird der Rheingau
als ein äußerst fruchtbarer und bevölkerter Landstrich geschildert:
„Wenn man sehen will, was der Reichtumb des Bodens und
der Fleiß der Menschen zu wege bringt, muß man dies Lant
sehen. Da ist Armut wenig zu finden bei solchen, die da wollen
arbeiten." Der Minorit Bartholomäus stimmt in dieses Lob
strotzender Fruchtbarkeit der Rheingegend ein. Im Wander-
büchlein des fahrenden Schülers Johannes Butzbach finden sich
ähnliche Stellen. Auch er preist das reichgesegnete Land am
Rhein und das Volk, das „hier tapfer und wohlhabend" ist.
„Ich kannte — erzählt er — dort einen Bauersmann, der in
einem einzigen Jahr aus seinen Kirschen allein auf dem Markte
zu Mainz dreißig Gulden gelöst hat." Kantzow schildert die
reiche Ergiebigkeit des pommerischen Landes an Getreide aller
Art. Nur der zwanzigste Teil werde im Land selbst verbraucht,
der Ueberfluß nach Schottland, Seeland, Holland, Schweden und
Norwegen ausgeführt. Indessen lassen gerade diese günstigen
Schilderungen erkennen, daß die in Frage stehenden Gegenden
sich der besten Verkehrswege, wie Fluß und Meer, erfreuten,
eine vorteilhafte Situation, welche mehr als die Ausnahme denn die

---

[1]) erschienen Mainz 1498. Janssen I, 310.

Regel anzunehmen ist. Diese bestand vielmehr darin, daß die Bodenprodukte wie die vom Bauern gezüchteten Tiere keinen leichten und einträglichen Absatz hatten, weil lohnende Absatz= gebiete, wie z. B. größere Städte sind, weitab lagen und nicht zu erreichen waren. Dazu kam noch, daß die wirtschaftliche Arbeit damals einen weit größeren Teil des deutschen Volkes als heutzutage beschäftigte: nicht blos die ganze Masse der Landbevölkerung ernährte sich von diesem Geschäfte, sondern auch ein sehr beträchtlicher Prozentsatz der städtischen. Dadurch wurden Feldfrüchte und Schlachtvieh in großen Massen, also mehr als notwendig war, erzeugt; woraus folgte, daß die Preise gedrückt und niedrig sein mußten. Rechnerisch genau kann hiefür allerdings der Nachweis nicht geführt werden, weil Buchführungen über den landwirtschaftlichen Betrieb und seinen Erfolg nicht auf uns gekommen sind, d. h. weil aller Wahrscheinlichkeit nach überhaupt in jener Zeit kein Bauersmann zu finden war, der sich in dieser Weise Rechenschaft von seinem Besitz und Erwerb gegeben hätte. Was wir wissen, beschränkt sich zumeist auf zu= fällige Notizen, so z. B. in den Chroniken deutscher Bürger. Der Augsburger Chronist Burkard Zink hat eine Preisliste von einem besonders wohlfeilen Jahr (1419) hinterlassen, in welcher er unter anderm sagt, daß ein Schaff Korn 10 Groß, ein Schaff Roggen 1 Pfund dn., ein Metzen Erbsen 16 dn., 1 Pfund Schmalz 4 dn. gekostet habe.[1] Derselbe Schriftsteller berichtet aber auch

---

[1] Chroniken deutscher Städte V, 147 und 130, zu vergl. S. 437. Wir setzen der Uebersicht halber die Liste her und fügen dem damaligen Geld zur Erklärung den heutigen Wert desselben bei:

Ein Schaff Roggen galt	1 U. dn.	= 2,35 M.	heutiger Wert in Silber.
Ein Schaff Korn	10 Groß	= 3 M.	„ „ „ „
Ein Schaff Haber	15 Sch. dn.	= 1,75 M.	„ „ „ „
Ein Metzen Erbsen	16 dn.	= 0,62 M.	„ „ „ „
Ein Pfund Fleisch	1 dn.	= 3½ Pfennige	„ „ „ „
6 bis 7 Eier	1 dn.	= 3½ „	„ „ „ „
Eine Maas Wein	1½ dn.	= 5½ „	„ „ „ „
Guter Frankenwein	2—3 dn.	= 8—11 „	„ „ „ „
Elsäßer Wein	4 dn.	= 15 „	„ „ „ „
Welschwein (ital. Wein)	6—8 dn.	= 20—25 „	„ „ „ „
Ein Pfund Schmalz	4 dn.	= 12 „	„ „ „ „
Eine Fuhre Holz	9—12 Sch.	= 1—1,40 M.	„ „

von einem teuren Jahre, dem Jahr 1465;[1]) damals habe das
Schaff Korn in Augsburg 5 Pfund dn., das Schaff Roggen
4 Pfund dn., ein Metzen Erbsen 6 Groß (etwa 45—50 dn.),
ein Pfund Schmalz 10 dn. gekostet. Er fügt hinzu: „alle Ding
(waren) den dritten dn. (Pfennig) teurer als vor, Wein war
wohlfail." Vergleichen wir die Preise beider Jahre, so war das
Getreide in der teuren Zeit etwa drei= bis viermal so hoch im
Preise. Es ist bekannt, daß gerade die Kornpreise den stärksten
Schwankungen unterlagen; und wir dürfen annehmen, daß die
angeführten hohen Preise den höchsten Punkt bezeichneten, den
die Lebensmittel selbst in teuren Zeiten erreichten. Denn es
fehlte viel, daß solche Zeiten der Landwirt nach seinem Belieben
hätte ausnützen können. Im Gegenteil hielten sich die Obrigkeiten in diesem Falle für berechtigt, ja verpflichtet, die Preise
polizeilich festzusetzen. Gerade die eben angeführte Preisliste
enthält die vom Rat der Stadt Augsburg durch Verordnung
bestimmte Taxe. Das gleiche that der Nürnberger Rat z. B. im
Kriege gegen den Markgrafen. Wer um höheren Preis verkaufte,
der mußte den Ueberschuß und 30 dn. vom Metzen als Strafe
zahlen. Man wird daher nicht fehlgreifen, wenn man annimmt,
daß die bäuerliche Arbeit nur in seltenen Fällen zu reichlichem
Vermögen führte, dagegen wohl hinreichte einem Manne mit
seiner Familie sein Auskommen zu verschaffen, so lange keine
störenden Zwischenfälle eintraten und das Gut nicht viele Dienst-
boten erforderte, denn die Löhne der „Ehehalten" waren sehr hoch.
So bezog[2]) in Mosbach im Jahre 1483 eine Viehmagd einen
jährlichen Lohn von dreizehn Gulden sechsunddreißig Kreuzer,
ein Oberknecht 23 Gulden und ein Kleidungsstück, ein Karren=
knecht 19 Gulden außerdem „Schuh gnug, vier Eln rystins Tuchs
und sechs Ellen Zwilichs." Von einem sächsischen Schloß wird
berichtet, daß ein Wagenknecht jährlich neun Gulden, der Esel=
treiber sieben Gulden und vier Groschen, die Viehmägde drei
Gulden und zwölf bis achtzehn Groschen erhielten.[3]) Rechnet man
dagegen, daß ein fetter Ochs drei bis vier Gulden, vier Schafe

[1]) Ebd. S. 256.
[2]) Janssen I, 312.
[3]) Ebda.

zusammen nur einen einzigen Gulden kosteten, so ist ersichtlich, wie überaus teuer die Arbeitslöhne zu stehen kamen und in welchem Grade sie den Ertrag der landwirtschaftlichen Einnahme schmälerten. Diese an sich auffallende Erscheinung findet ihre Erklärung darin, daß, wie schon angeführt wurde, die Guts-herrschaften ihren Boden in möglichst viele, wenn auch kleine Parzellen aufteilten und diese an Zinser und Pächter vergaben. Es kam dadurch wie in unsern Tagen auf dem Gebiet des Handwerkes durch die Einführung der Gewerbefreiheit: Alles benützte die Möglichkeit sich selbstständig zu machen. Statt in den Dienst anderer zu treten, zog auch der Aermste den Versuch vor, auf eigene Rechnung zu wirtschaften. Ob dadurch der Einzelne besser fahre, fragte man sich nicht und ist auch hier nicht zu untersuchen. Allein auf diese Weise wurde das Angebot der Arbeitskräfte in bedeutendem Maße vermindert und wer Hand-arbeiter brauchte, mußte sie mit hohen Preisen bezahlen.

Eine andere Verteuerung des landwirtschaftlichen Betriebes, die man nicht aus den Augen lassen darf, lag in der damaligen Kapitalwirtschaft. Ohne fremdes Geld kam in den meisten Fällen der Bauer nicht aus: zum Ankauf von Samengetreide für den Acker, von Vieh für den Stall, von Gerätschaften für die Arbeit brauchte er es. Diese Anlehen, deren Rückzahlung von der guten Ernte abhingen, wurden nur gegen Zinsen gewährt und diese letzteren waren bis ins Maßlose gestiegen. Wenn man die geradezu haarsträubenden Zustände der mittelalterlichen Geldwirtschaft kennen lernt, begreift man, wie Luther und andere, Zinsnehmen und Wuchern als eine Gottlosigkeit verdammten. „Mit Geld wuchern, sagt Geiler von Kaisersberg, heißt nicht arbeiten, sondern andere schinden in Müßiggang." Der Zinsfuß überstieg alle Schranken. Man liest nicht blos von 30 Prozent, von 40 und 50 Prozent, sondern der gesetzliche Zinsfuß stieg in Regensburg, Augsburg, Wien und anderwärts nicht selten sogar über 80 Prozent ($86^2/_3$ %)[1]. Man kann leicht ermessen, welche Zinsen der gemeine Mann unter solchen Umständen für seine Darlehen, die er meist von Juden empfing, zu zahlen hatte.

[1] Stobbe, die Juden in Deutschland bei Janssen I, 382 f.

„Das ift ein Rauben und Schinden des armen Mannes durch die Juden, schreib Schenk Erasmus zu Erpach 1487,[1]) daß es gar nicht mer zu liden ift und Gott erbarm. Die Juden=Wucherer ſetzen ſich fest bis in die kleinſten Dorfen und wenn ſie fünf Gulden borgen, nemen ſie ſechsfach Pfand und nehmen Zinſen von Zinſen, daß der arm Man komt um Alles, was er hat."

Uebrigens ließen ſich nicht blos die Juden dieſe Wucher=„Schinderei" zu Schulden kommen, es mangelten auch unter den Chriſten ihre Geſinnungsgenoſſen nicht. Der Reichstagsabschied von Augsburg (1500) bezeugt dies und hebt Namens von Kaiſer und Reich die Rechtsverbindlichkeit wucheriſcher Geſchäfte und Verträge auf. Artikel XXXII[2]) lautet: „Nachdem auch durch wucherliche und andere gefährliche unziemliche Contract, ſo dieſer Zeit Chriſten und Juden üben, Landen und Leuten merklicher Schaden zugefügt wird, ordnen wir . . . ., daß ſie (die Reichs=ſtände) ſolche wucherliche und gefährliche Contract in ihrem Landen allenthalben bey ziemlichen Poenen ernſtlich verbieten und wehren", daß ſie dieſe Verträge „für kraftlos und unbündig er=kennen" und denſelben keine „Vollnziehung" thun. Bevor es zu dieſen, wahrſcheinlich wirkungsloſen Maßnahmen kam, war längſt unendlicher Schaden angerichtet worden. Der grimmige Haß gegen die Juden, der mehrfach die Bauern zu blutigen Thaten geführt hat, wird durch dieſe Sachlage zur Genüge erklärt.

Noch von einer andern Seite her gereichte das Kapital der Landwirtſchaft zum Nachteil, nicht zwar durch Verteurung des Betriebs, aber durch Beſchränkung des Ertrages. Die Handels=geſellſchaften, die während des ganzen fünfzehnten Jahrhunderts den Markt nach jeder Richtung beherrſchten, waren durch ihre bedeutenden Geldmittel im Stande irgend welche Produkte gänz=lich aufzukaufen und mit Ausſchluß jeder Concurrenz die Preiſe feſtzuſetzen. Hartnäckige Producenten konnten ſie ohne Mühe unſchädlich machen, ja ruiniren. Zunächſt wurden ſie nur ge=gründet für die „fremden, eingebrachten Waaren" d. h. die Colo=

---

[1]) Ebd. S. 383.
[2]) Senkenberg I. Bd., 2. T., S. 81.

nialartikel, insbesondere Gewürze; aber bald zogen sie doch auch
die inländischen Erzeugnisse der Landwirtschaft, Wein und Getreide, in den Bereich ihres Handels, indem sie nicht erst nach
der Ernte, sondern schon im Sommer kauften — der sichere Ruin
für den bäuerlichen Wohlstand. „Sie ziehen nit allein den gar
entbehrlichen Blunder an fremden Waaren, sunder auch was zum
Leben not, als Korn, Fleisch, Weyn und sunstiges in ir Mono-
polium und schrauben die Preise nach irer Geltgir und Geitzig-
keit und neren sich mit der sauren Arbeit der Armen."[1] „Die
Blutsauger, Korn- und Weinaufkäufer schädigen die ganze Gemeinde; man solt ußziehen sie zu vertreiben als die Wölff." Auf
Territoriallandtagen und Reichstagen wurde gegen diese Gesellschaften losgezogen und Abhülfe gesucht. Auf dem vereinigten
Reichstage zu Trier und Köln (1512) gelang es das Monopo-
lisiren und Fürkaufen der Handelsgesellschaften strengstes zu verbieten.[2] Allein dieses Verbot kam s e h r spät, um nicht zu sagen,
zu spät; das lehrt schon die eine Thatsache, daß die Handelsgesellschaften schon im 14. Jahrhundert entstanden waren.[3] Der
Schaden, den sie bis zu diesem Zeitpunkte mittelbar und unmittelbar auch der Landwirtschaft und dem Bauernstande zugefügt
haben, läßt sich nicht berechnen.

Sehen wir auch davon ab, was übrigens auf die materielle
Seite der Landwirtschaft von ganz bedeutendem Einfluß ist,
daß keine andere menschliche Thätigkeit so sehr allerlei unvermuteten und von Menschen unabwendbaren Heimsuchungen ausgesetzt ist, wie der Ackerbau, daß Mißwachs, Hagelschlag und
Viehseuchen empfindliche Schädigungen herbeiführen und daß jene
Zeiten diese Schläge noch nicht durch gegenseitige Hilfe und Ver-
sicherungen zu mildern verstanden, so muß doch noch auf einen
Uebelstand hingewiesen werden, welcher gerade für die Bevölkerung des offenen Landes zur schwersten Last wurde. Das Fehde-

---

[1] Geiler von Kaisersberg bei Janssen I, 391. Vgl. Falke, Gesch.
des deutschen Handels I, 128, II, 59. und Kluckhohn in „historische Aufsätze
dem Andenken an G. Waitz gewidmet", S. 666 ff.

[2] Senkenberg a. a. O. S. 144. Vgl. §. 27 des Reichstagsabschied
von Nürnberg (1524), ebd. S. 257. Vgl. Kluckhohn a. a. O.

[3] Falke a. a. O. I, 247.

unwesen gedieh im fünfzehnten Jahrhundert zu entsetzlicher Blüte.
Der Bauernstand aber hatte darunter am meisten zu leiden,
denn er mußte in diesen heillosen Plünderungs= und Mordbrenner=
kriegen die Zeche der streitenden Herren bezahlen. Man fand
das ganz in der Ordnung. Der Bauer mit seiner Habe galt
dem Feind als vogelfrei; den Gegner zu schädigen, brannte man
dem Bauern Haus, Scheune und Stall nieder, raubte sein Vieh
und zerstörte ihm die Frucht, die ihm nach harter Arbeit und
reichlichem Schweiß auf seinem Acker gewachsen war, zu ge=
schweigen von den noch größeren Greueln, die man an ihm und
den Seinen verübte. Es genügt einige Beispiele anzuführen.
In der Fehde des Kurfürsten Friedrich von der Pfalz mit Graf
Ulrich von Würtemberg, Markgraf Karl von Baden, Bischof Ge=
org von Metz und andern wurden die Feindseligkeiten mit der
Verbrennung pfälzischer Dörfer eröffnet. „Do sach wir (sahen
wir) unsere Feint — schreibt Friederich selbst[1]) — (ver)brennen
Dörfer bei Heidelberg." Wie die Einbrecher selbst rühmten,
wollten sie die um das Schloß gelegenen Weinberge aushauen,
nachdem sie bereits die Spuren ihres Heereszuges durch greuliche
Verwüstungen hinreichend bezeichnet hatten. Ihren bösen Willen
vollständig auszuführen, gelang ihnen aber nicht, denn der Pfalz=
graf besiegte sie am 30. Juni 1462 bei Seckenheim, nahm sie
gefangen und gab ihnen durch ein berühmtes Mahl auf dem
Heidelberger Schloß eine eindringliche Lektion für ihre Ver=
wüstungen.[2]) — Die Stadt Köln erhielt innerhalb einiger 30
Jahre 700 Fehdebriefe, von denen sie einen ansehnlichen Teil

---

[1]) Deutsche Städtechroniken X, 270. Vgl. Liliencron, hist. Volks=
lieder I Nr. 112—115.

[2]) Gustav Schwab schildert in seinem „Mahl zu Heidelberg" diesen
Vorfall mit lebhaften Farben. Der Kurfürst ließ den Gefangenen die aus=
gesuchtesten Speisen vorsetzen, nur das Brot fehlte. Und als Ulrich von
Würtemberg dies begehrte, hieß er ihn ans Fenster treten:

> „Da rauchten alle Mühlen
> Rings von des Krieges Brand;
> Kein Hof ist da zu schauen,
> Wo nicht die Scheune dampft;
> Von Rosses Huf und Klauen
> Ist alles Feld zerstampft."

mit den Waffen austrug.[1] — In dem Kriege, welchen Markgraf Albrecht von Ansbach mit der Stadt Nürnberg 1449—50 führte, wurde über ein Jahr lang weit und breit alles zerstört. „Es waren lauter kleine Raub= und Streifzüge."[2] Eine kleine Aus= lese aus dem zeitgenössischen Bericht gibt ein Bild von der da= maligen Art der Kriegsführung und davon, wer den größten Schaden zu tragen hatte. „Am Suntag nach vincula Petri (1449) des Nachts zugen hie aus bei 80 Fußgengel (Fußgänger, Fußsoldaten) und hatten 10 Wagen und zugen in ein Dorf, heißt Lerstetten, uud brannten das Dorf aus und namen, was sie guts in dem Kirchhof funden, und brachten ein großen Raub. Und auf dieselbe Zeit branten ander(e) unser Fußgengel etlich Dörfer ab bei dem Kamerstein." Am Lorenzi Abend (9. August) zogen von Nürnberg wieder 600 Trabanten aus „und brenten am Montag viel Dörfer und etlich Herrenhäuser herein gegen der Stadt und brochten ein großen Raub Küe, Schwein, Schaaf und viel Wagen mit allerlei geladen." Am 17. August zogen Reisige aus und „branten am Montag frühe ab den Markt Schnaittach unter dem Rottenberg und sünst etwa viel Dörfer." „In der Zeit branten unser Feind unser armen Leut Häuser und Städel ab allenthalben, wo sie die hetten, wiewol sie vor= mals mit ihn(en) abgeteidingt hetten; das half sie als nit. Auch hackten sie unsern Bauern ihre Hölzer ab und führten das Holz auf ihre Güter, daß sie meinten, wenn Fried würd, daß sie ihre Güter damit bauten; auch brachen sie ihnen ihre Häuser und Städel ab an etlichen Enden und führten das Zimer (Zimmer= holz) auf ihre Güter, auch hackteu sie den unsern ihr(e) Baum ab an etlichen Enden, wo sie die hetten, und gruben ihnen auch die Baum aus. Solcher unziemlicher Sach begunnen sie gar viel." Gleiche Greuel meldet der Kriegsbericht fast auf jeder Seite ohne Ende. Auch anderwärts ging es ebenso. Burkard Zink[3] erzählt uns ganz ähnliches aus dem Reichskrieg von 1462. Herzog Ludwig von Bayern fiel mit 8000 Mann in die Reische= nau und das Zusamthal und „brannten überall und nahmen,

[1] Fischer K., deutsches Leben S. 127.
[2] Chroniken deutsch. Städte II, 95. 156. 157. 200.
[3] Chroniken deutsch. St. V, 265.

was sie funden, Roß, Kühe und ander Ding." Andererseits fielen dessen Feinde wieder in das Bayerische ein, „gewunnen Offingen und Scherneck, die zwai Schloß, und verbranten die und zugen fürbaß in das Land und verbranten 21 Dörfer und nahmen Alles, das sie funden, Roß, Kühe u. s. w und anders, es waren bei 400 Hauptkühe und 300 Roß und bei 600 Hauptsäu, Schaaf und Geis, und brachten 95 gefangen, eitel Bauren und ein Edelmann selbander." Selbst der Friedensschluß brachte dem Bauernvolk noch keine Ruhe. „Item[1]) als der Frid nun ange= gangen war überall zu Bairn und Schwaben, da wollten die von Wertingen auch so thun als ander Leut und ihr Korn ab= schneiden, dann es zeitig war. Da schickt Herzog Ludwig zu ihnen und begehrt an sie, daß sie ihm sollten schwören als ander(e) sein Eigenleut, dann er wollt es haben, oder sie sollten das Korn nit anrühren und also stan lassen. Das die von Wertingen aber nit thun wollten, sondern das an ihr Herrn von Augsburg bringen und ihrs Rats darin pflegen. Also was das Korn ein Theil abgeschnitten und lag uf den Aeckern. Da ward ihnen geboten, daß sie das Korn mueßten liegen lan uf den Aeckern und getorsten das nit aufheben und niendert (nirgends) hinführen, und das Korn, das noch stund, das getorsten sie nit abschneiden, wiewol es ein steter Fried sein. Darzu so hand (haben) sie auch Fried gekauft und sind dennocht ganz und gar verbrennt worden. Das ist ein elend Ding; den von Wertingen geschieht sicher gar unrecht."

Von solchen greulichen Händeln ist das ganze 15. Jahr= hundert erfüllt. Als um die Wende des Jahrhunderts auf An= dringen der Fürsten der Kaiser das Fehderecht gänzlich aufhob und einen allgemeinen Landfrieden aufrichtete, da wurde es frei= lich besser; aber es fehlte doch viel, daß mit einem Schlag das Uebel beseitigt worden wäre. Man darf nur ein wenig in der Selbstbiographie des ungeschlachten Ritters Goetz von Berlichingen blättern. Im Jahre 1500 fing er auf dem Kapfenhard bei Heil= bronn elf reiche würtembergische Bauern und dann in der näm= lichen Fehde alles, „was würtembergisch war". So diente der

---

[1]) Ebd. S. 286.

Bauer als Faustpfand und Geisel. Oder ritterliche Genossen des
Goetz brandschatzten im Landshuter Erbfolgekriege Bauern nach
Herzenslust einfach zu dem Zweck, um sich Rheinfall[1]) kaufen
und zechen zu können. Das Heillose war, daß der Adel dieses
Treiben ganz in der Ordnung fand: er war in Rechtsanschauungen befangen, die jeder Beschreibung spotten. „Nun war ich
des Sinnes, — schreibt Goetz harmlos — daß ich die Landsart
eine Weile gesegnen (wollte) und wollt wieder mein Heil versuchen . . . . und brannte in einer Nacht an drei Orten, das
war Ballenberg, zu Oberndorf und das Schafhaus zu Krautheim."
Es ist klar, die bäuerliche Bevölkerung war in diesen Zeiten recht-
und schutzlos.

Nimmt man alle diese Umstände zusammen, so kann es
nicht wundernehmen, daß die materielle Lage des Bauernstandes
sich nicht als eine günstige darstellte. Und trotzdem mangelt es
nicht an Zeugnissen, welche von bäuerlicher Wohlhabenheit und
Vermöglichkeit zu berichten wissen[2]). „In Pommern und Rügen —
meldet der schon erwähnte Kantzow — sind die Bauern reich.
Sie tragen nur englisch und ander gut Gewant, ja so schön,
als ehemals der Adel und Bürger gethan haben". Von den
Altenburgern wird erzählt, daß sie Mützen von Bärenpelz trugen,
Korallenketten mit angehefteten Goldstücken und seidene Bänder.
In Westfalen sollen die Adeligen geklagt haben, daß: „Ein Bauer
schon mehr geliehen bekommt als zehn von uns zusammen oder
thut Kapitalien aus, wie er will". Wimpheling schreibt von
den elsässischen Bauern: „Durch Reichtum sind die Bauern in
unserer Gegend und in manchen Teilen Deutschlands üppig
und übermütig geworden. Ich kenne Bauern, die bei der Hochzeit von Söhnen oder Töchtern oder bei Kindtaufen so viel Auf-
wand machen, daß man dafür ein Haus und ein Ackergütchen
nebst einem kleinen Weinberg kaufen könnte. Sie sind in ihrem
Reichtum oft wahrhaft verschwenderisch in Nahrung und Kleidung und trinken kostbare Weine". Auch in Franken schließt
man aus verschiedenen Anzeichen auf bäuerliche Wohlhabenheit.

---

[1]) Rainfall-Wein von Rivoglio in Istrien. Schmeller-Frommann.
[2]) Janssen I, 305.

Der Volksprediger Hans Böhm von Niklashausen eiferte nämlich gegen den Kleiderluxus von seidenen Gewändern und spitzigen Schuhen und goldenem Halsgeschmeide. Ohne Grund hat er dies nicht wohl thun können. In einem Volkslied[1]) auf die Bauern und ihre Verschwendung wird von ihnen gesagt: „Das Lied, das sei gesungen Den Bauern zu guter Nacht, Sie sind grob, stolz unnütze, Treiben jetzt die größte Pracht". Ingleichen wird berichtet, daß es in Franken bei Hochzeiten und Kirchweihen hoch hergegangen und Speise und Trank nicht gespart worden sei. Ferner wird die Küche der Bauern öfter gerühmt, „der Bawerntisch (sei) als der gesundest geschätzet". In dem Büchlein von den Früchten heißt es: „Dieweil der Bauer arbeitet so hat er auch rychliche Nahrung und isset vollauf Fleisch aller Art und Visch, Brot und Obst, und trinket Wein often im Uebermaß, das aber nit zu loben". In einer österreichischen Chronik[2]) wird zum Jahr 1478 erzählt: „Zu den Zeyten hat Nyemant Gewin gehabt dann die Bauern. Das erkenn man bey dem: sy tragen nun besser Klayder und trinken bessern Wein, dann ihre Herren". Die Reichstagsabschiede des ausgehenden Mittelalters beschäftigen sich wie mit dem überhand nehmenden Luxus aller Stände, so auch mit dem des Bauern; ihm wird verboten Tuch zu tragen, von dem die Elle mehr als einen halben Gulden kostet; sie sollen auch „keinerley Gold, Silber, Perlen, Sammt, Seiden, noch gestückelt Claider tragen, noch ihren Weibern noch Kindern zu tragen gestatten" bei kaiserlicher „Ungnad und Straff"[3]).

Diese Zeugnisse könnten noch durch viele andere vermehrt werden. Es ist gar nicht zu leugnen, daß der Bauer so gut zu leben sich angelegen sein ließ, als ihm möglich war, daß er sich in der Kleidung besser trug als ehedem, daß er bei der Arbeit sich gut nährte und daß er bei festlichen Gelegenheiten die Ausgaben nicht scheute und sich sogar im Genuß übernahm. Allein dies Alles beweist noch nichts für die Wohlhabenheit des Bauern-

---

[1]) Uhland, alte hoch- und niederdeutsche Volkslieder I, 651—653.

[2]) Unrest in Hahn's Collectio monum. I. S. 652. Unrest ist bauernfeindlich.

[3]) Reichstagsabschied von Augsburg im Jahre 1500 Artikel 2.

standes und die Glückseligkeit seiner Lage. Die meisten Nachrichten stammen ja von solchen, die nicht selbst Bauern waren, die entweder vom sittlichen Standpunkt aus gegen Hoffahrt und Luxus auftraten oder die mit einem gewissen Neid und Aerger auf den Bauern hinblickten, welcher nun wagte es auch den übrigen Ständen gleichzuthun. Wie im ersteren Falle Einzelerscheinungen verallgemeinert werden, dafür dient uns eine Stelle bei Wimpheling zum Beweise. Oben (S. 31) sprach er vom Reichtum der Bauern im Elsaß und in manchen andern Gegenden Deutschlands. In seiner Schrift über die Buchdruckerkunst rühmt er: „Deutschland war niemals so reich und glänzend als in unsern Tagen". „Auch die Bauern wurden reich". So schlechtweg galt das keineswegs; allein Wimpheling will dieser summarischen Schilderung eine allgemeine beherzigenswerte Ermahnung hinzufügen. „Aber der Reichtum hat auch große Gefahren.... er erzeugt übertriebene Kleiderpracht, Ueppigkeit und Schwelgerei. Diese Uebel zeigen sich in allen Ständen". Wenn nun wirklich der Bauernstand über seine Kräfte hinausging und das Maß, welches andern berechtigt schien, zuweilen überschritt, so legt das viel weniger Zeugnis ab vom wirklich guten Vermögensstand, als vielmehr von Genußsucht, d. h. einem allgemeinen, allen Ständen gemeinsamen Zug jener Tage. Die Lebsucht am Ausgang des Mittelalters war eine ganz andere geworden als früher. In den Städten, besonders den Handelsstädten, war im Laufe der letzten Jahrhunderte Reichtum und Vermögen erworben worden. Der Besitz äußerte auch hier seine natürliche Wirkung: die Zunahme des Luxus in allen Dingen. Das vielleicht übertreibende Wort eines Aeneas Sylvius, in welchem er den Reichtum deutscher Städte preist[1]), ist so bekannt, wie manches andere diese Thatsachen bestätigende Zeugnis. Die Ansprüche an das Leben nahmen aber nicht blos in den Kreisen zu, wo das täglich wachsende Vermögen dies gestattete, sondern sie gingen auf die

---

[1]) In seiner Schrift de ritu, situ etc. preist er mit hohen Worten Köln und die niederländischen Städte, Speier, Straßburg und Basel, Augsburg und Nürnberg, München und Wien: „offen gestanden, kein Land in Europa hat bessere und freundlichere Städte als Deutschland".

ganze damalige Gesellschaft, auf alle Stände über, obwohl nicht alle sich des gleichen Besitzzuwachses zu rühmen hatten, wie jene erwerbenden Bürger. Von den höheren Ständen besaß eigentlich nur die Geistlichkeit ein hervorragendes Vermögen in Grund und Boden, an Land und Leuten, an Geld und Kostbarkeiten. Man hätte nun denken sollen, daß sie durch ihren Beruf sich hätte verhindern lassen müssen an der sich steigenden Lebsucht, am Prunk und Luxus Teil zu nehmen. Allein das gerade Gegenteil ist der Fall. Abgesehen von andern zahllosen Zeugnissen wird dies durch dieselben Reichstagsabschiede bestätigt, welche nicht nur gegen den Luxus der Bürger und Bauern einen Damm aufwerfen wollten, sondern auch gegen die nämlichen Sünden des Adels und der Geistlichkeit sich richteten[1]). Die Vermögensverhältnisse des Adels waren im Ganzen sehr ungünstig geworden: es ging damit seit langem abwärts und vielen adeligen Gutsherrschaften wurde es schwer mit ihrem Einkommen die Ausgaben zu bestreiten. Dies hielt aber diesen Stand durchaus nicht davon ab am Wohlleben der Zeit Teil zu nehmen. Die meisten sahen es — eine häufige Erscheinung sinkender Größe — für einen Ehrenpunkt an, den andern Ständen in Pracht und Prunk nichts nachzugeben, obwohl die Einkünfte zur Sparsamkeit ermahnt hätten. Wer aber aus den Schilderungen adeligen Wohllebens in Essen und Trinken, in Kleidung und Schmuck den Schluß ziehen wollte, daß dasselbe den entsprechenden Reichtum beweise, der würde in den größten Widerspruch mit den verbürgten Thatsachen von der allmählichen Verarmung des Adels geraten. Aus dem nämlichen Grund dürfen auch die Nachrichten über das bessere Leben der Bauern nicht als ein unumstößlicher Beweis ihrer Wohlhabenheit angesehen werden:

---

[1]) Solche Verbote enthalten die Reichstagsabschiede von Lindau 1497, Freiburg 1498, Augsburg 1500 und 1530. Im Augsburger Abschied v. 1500 heißt es unter XXIII Art. 10: „Item sollen alle Erzbischofe, Bischofe und Prälaten ihre Geistlichen dahin halten und weisen, daß sie sich mit Kleidung ehrbarlich und geistlich, wie ihrem Stand wohl anstehet, kleiden und halten und unziemliche Köstlichkeit abstellen." Senkenberg, Reichstagsabschiede I. Band.

sie thun nur das Eine zweifellos dar, daß auch die ländliche Bevölkerung vom Strom der Zeit ergriffen und mitgerissen wurde. Zudem sind jene Nachrichten meist zu allgemein gehalten und rühren nicht von unparteiischen Berichterstattern her, die ohne Vorurteil die Verhältnisse geschildert hätten. Mit welcher Verachtung Standeshochmut und vornehmer Dünkel auf den arbeitenden Stand herabschaute, werden wir noch sehen. Ueberblicken wir die geschilderten Verhältnisse der bäuerlichen Bevölkerung in Deutschland, so vermögen wir aus dem auch bei ihnen eingerissenen Wohlleben nicht schon den Schluß zu ziehen, daß sich der Bauernstand in günstiger Vermögenslage befand. Treffend sagt ein Geschichtschreiber des Bauernkriegs[1] gelegentlich der Schilderung einer fröhlichen Kirchweih, welche fränkische Bauern angeblich halten wollten: „Denn so gedrückt auch der Bauer war, so gab es doch jährlich einen Glanzpunkt in seinem Leben, wo er alle Ersparnisse aufwendete. Dieser war die Kirchweih. Da legte jedes Haus eine ungewohnte Fülle zur Schau, und auch die Nachbarn aus andern Dörfern kamen herbei, um Blutsfreunde und Gevattern zu besuchen. Man ging im geordneten Zug, mit fliegenden Fahnen und Trommeln, in guter Rüstung, den Sackpfeifer und den Pickelhäring an der Spitze. Denn die Franken waren ein fröhliches Volk, und die Waffen gehörten auch bei den Bauern zu dem besten Schmuck. Ebenso lustig ging es auf großen Hochzeiten her, wenn ein begüterter Mann seine Tochter ausstattete. Da schmausten Alle so ausgelassen auf Kosten des jungen Ehepaars, daß sie es oft lange nicht verwinden konnten[2].“ Ein altes deutsches Sprichwort bezeugt die hohe Bedeutung, welche man im Volk den Kirchweihen beilegte: „Es ist kein Dörflein so klein, Es wird eins Jahrs einmal Kirchweihe darinnen sein," und Agrikola[3] fügt dem in seiner Erklärung bei: „Zu den Kirchmessen oder Kirchweihen gehn die Deutschen vier, fünf Dorf-

---

[1] Bensen, Gesch. des Bauernkrieges in Ostfranken S. 89.

[2] Janssen, der I, 306 Bensens Schilderung citirt, unterläßt es geflissentlich diese Bemerkung beizufügen. Uebrigens verhält es sich heute noch so in Franken.

[3] Sibenhundert und fünfzig deutscher Sprüchwörter Nr. 346, S. 193.

schaften zusammen; es geschieht aber des Jars nur einmal, darumb ist es löblich und ehrlich."

Vielleicht läßt man für die dem Bauernkriege vorangehenden hundert oder achtzig Jahre nicht gelten, was der Prediger Bert= hold von Regensburg[1]) über die Notlage der bäuerlichen Bevöl= kerung sagt: „Nun seht ihr armen Leut, wie mancherlei sie auf eure Arbeit setzen, und deshalb seid ihr so arm, weil diese Unseligen so manche List des Geizes gegen euch anwenden, und müßt das alles erarbeiten, das die Welt bedarf, und von dem Allen wird euch kaum in euren Nöten so viel, daß ihr etwas besser leben könnt, als eure Schweine." Dagegen wird man gegen ein anderes Zeugnis der Art keine Einwände erheben können. Die auf dem Tag zu Gelnhausen 30. Juni 1502 ver= sammelten Kurfürsten des Reiches bekannten, die Lage des ge= meinen Mannes sei bereits so unerträglich geworden, daß falls keine Abhülfe geschehe, eine Empörung desselben befürchtet werden müsse, denn er „mit Frondiensten, Atzung, Steuern, geistlichen Gerichten und andern also merklich beschwert ist, daß es in die Harre nicht zu leiden seyn wird".[2]) Die Lage des Bauernstandes forderte gebieterisch eine Verbesserung: das erkannten nicht blos einzelne Einsichtige, sondern dieses Bewußtsein durchdrang seit langem den ganzen Stand wie ein ungestilltes Sehnen. Der zunehmende nationale Reichtum kam dem Bauern nicht zu statten, denn zu denen, welchen sich die günstige Gelegenheit bot, leichter und rasch ein Vermögen zu erwerben, gehörte er nicht. Dagegen bekam er die Schattenseiten und Wirkungen davon um so mehr zu spüren. Die oberen Stände, besonders der zahlreiche Adel, glaubten ein Recht zu haben, daß für die erhöhten Ansprüche, die sie an das Leben machten, ihr Untertan, der Bauer, auf= kommen müsse.[3]) Mit Recht ist gesagt worden: „die Anschläge des Reichs, die wachsenden Bedürfnisse bewirkten, daß Alles seine

---

[1]) Kling, Bertholds von Regensburg Predigten S. 129.

[2]) Ranke, Reform. Gesch. I, 143 (4. Aufl.)

[3]) Auf diesen Punkt hat ganz neuerdings Delbrück in den Preuß. Jahrbüchern 53, 529—550 hingewiesen, freilich mit einer nicht ganz richtigen Begründung.

Ansprüche an ihn (den Bauern) steigerte, der Landesherr, die geistliche Gutsherrschaft, der Edelmann". Bei diesem aber erzeugte das Beispiel der andern Stände, ihre Lebsucht und der überhandnehmende Luxus Neid und Begehrlichkeit. Beides aber gereichte dem Bauernstande nicht zum Vorteil, sondern schuf Verhältnisse, welche weit entfernt waren einen ruhigen Bestand der Dinge zu gewährleisten.

Zweites Kapitel.

Die sociale Stellung des Bauernstandes. Die Kirche und die communistischen Ideen.

Als ein charakteristischer Beweis für die Stellung der Bauernschaft in der menschlichen Gesellschaft muß die allgemeine Verachtung, mit welcher alle Stände auf ihn herabsahen, besonders hervorgehoben werden. Die Litteratur der einschlägigen Zeit, der zweiten Hälfte des 15. und zu Anfang des 16. Jahrhunderts, bietet hierfür überreichliche Belege. Daß man die Bedeutung dieses arbeitenden Standes für die Gesellschaft zu würdigen verstanden oder zu verstehen sich nur bemüht hätte, davon sucht man vergebens eine Spur. Hingegen fließt der Strom des Spottes, des Tadels und der Verachtung, der sich über den Bauernstand ergoß, breit einher. Der Bauer erscheint z. B. in den Schwänken und Fastnachtsspielen jener Zeit immer in einer der beiden Rollen entweder eines albernen Tölpels oder eines dummdreisten Gesellen.[1] Sein unbeholfenes Benehmen, seine rauhen, oft rohen Sitten dienten zur Zielscheibe des Spottes. Das schöne urdeutsche Wort „Bauer" mußte sich zu einem Schimpfwort stempeln lassen, mit dem man alles, was niedrig und verächtlich schien, bezeichnete. Wenn der Adel die Städter ärgern wollte, nannte er sie Bauern, ummauerte Bauern.

> Sie (die Städte) bedünkt, er (der Adel) sei nit ihr gleich,
> Und nennen sich das römisch Reich,
> Nun sind si doch nur Pauren:
> Sie stand (stehen) mit Ehrn hinter der Thür,

---

[1] Zöllner, z. Vorgesch. des Bauernkriegs S. 70.

So die Fürsten gand (gehen) herfür,
Die Land und Leut beschauren (beschützen).[1]

Besaß der Bauer etwas, so ärgerte man sich darüber; ließ er von Selbstbewußtsein etwas spüren und daß er keine Lust habe, sich ohne weiteres drücken und schinden zu lassen, so nannte man das Anmaßung und höhnte über sie als „grobe", „unnütze", „üppige" Bauern, als „Flegel" und „Ackertrappen" mit ihren „groben Filzhüten." Sebastian Brant wirft dem Bauernstand in seinem Narrenschiff[2] vor, daß er seine Einfalt, Ehrlichkeit und Bescheidenheit verloren habe, seit er reich geworden sei. Durch Wucher und Fürkauf hätte er sich sein Geld verdient — freilich ein Vorwurf, der auf seine Stichhaltigkeit nicht geprüft werden darf, denn die Wucherer und Fürkäufer der Lebensmittel saßen in den Städten. „Die Bauern stecken ganz voll Geld", klagt der nämliche Prediger. Darum eifert Geiler von Kaisers-berg in seiner 93. Predigt über das Narrenschiff, Gott möge dem Faß den Boden ausschlagen und das Korn die Würmer fressen lassen, die gefüllten Weinkeller und Scheuern zerstören. Pam-philus Gengenbach geißelt die Genußsucht und Hoffart des Landvolkes:

„Niemands me halten will sin Stot (seinen Stand);
Der Bur (Bauer) dem Edelman glich got (gleich geht).

Ein anderer Dichter[3] erzählt, wie sie sich ausländisch kleiden und einander mit feierlichen Verbeugungen grüßen:

„Als wärens Landherrn und Herzogen,
Mit Handschuhen und mit langen Spießen,
Sein (das) möcht den Teufel verdrießen."

Zieht der reiche Bauer in die Stadt, so kauft er sich in den Rat ein, trägt kostbares Pelzwerk und will sich nicht mehr Bauer nennen lassen.

Wenn diese Vorwürfe und Spötteleien zum Teil wohl im Einklang mit der Wahrheit standen, so darf nicht vergessen werden, daß die übrigen Stände um kein Haar besser waren, daß Leb-sucht und Freude am Genuß und Vergnügen, Uebermut und

---

[1] Kurz H., Litteraturgesch. I, 618.
[2] Herausgegeben von Zarncke 79. 89.
[3] Bezold, Sybels hist. Zeitschr. 41. Bd., S. 10.

Ueberhebung, wenn man es so nennen will, ein Uebel war, an
dem die gesamte damalige Gesellschaft krankte, und daß die
Sitten der oberen Stände, weit davon entfernt mustergiltig genannt zu werden, viel eher dazu beigetragen hatten dem Bauern
als das schlechteste Beispiel zu dienen und ihn zu gleicher Sitten-
und Schrankenlosigkeit zu verleiten. Ein Gelehrter von Ruf und
Bedeutung, der Tübinger Bebel, beklagt mit Sebastian Brant
das unziemliche Weintrinken der Bauern, in der guten alten
Zeit hätten sie blos Wasser getrunken. Gerade daß der Bauer
die andern nachahmte, verargte man ihm mit Unrecht so sehr.
Es ist ein sehr schlimmes Zeichen der Zeit, daß man auf den
Bauern mit solchem Neid und Haß herabsah; daß man ihm nichts
gönnte und von ihm das an Einfachheit des Lebens, Sparsamkeit und Bescheidenheit verlangte, was man selbst nicht besaß.
Der Bauer, so scheint es, galt in den Augen solcher nicht mehr
als ein Mensch. Ein Wort, das umging, lautete:

> „Der Bauer ist an Ochsen Statt,
> Nur daß er keine Hörner hat.“

Gegen ihn hielt man Gewaltthat und unmenschlichen Druck für
völlig berechtigt. Schonung und Milde wären thörichte Schwäche.

> „Er tuot (thut) alleine, das er muos (muß);
> Gewalt, der ist sein rechten Buß.“[1]

Einen wahrhaft empörenden Ausdruck dieser gemeinen Gesinnung
und Denkweise zeigt ein Lied aus dem 15. Jahrhundert, das
Uhland unter dem Titel Edelmannslehre mitteilt;[2] darin
wird der Bauer als wie ein Wild hingestellt, das der Adelige
nach Belieben hetzen, würgen und erlegen darf.

> Der Wald hat sich belaubet,
> Des freuet sich meine Muot (Mut, Sinn)
> Nun hüet sich mancher Bure (Bauer).
> Der wähnt, er si behuot (sei behütet)!
> Das schafft des argen Winter Zorn,
> Der hat mich beraubet:
> Das klag ich hüt und morn (heute und morgen).

---

[1] Heinrich Wittenweiler, Zöllner S. 70.
[2] Volkslieder Nr. 134. cf. Kurz. Litt. Gesch. I, 619.

Willtu dich ernehren.
Du junger Edelmann,
Folg du miner Lehren,
Sitz uf, trab zum Bann!
Halt Dich zuo dem grünen Wald:
Wann der Bur ins Holz fert (fährt)
So renn ihn freislich (gewaltig) an!

Derwisch ihn bi dem Kragen,
Erfreu das Herze din,
Nim ihm, was er habe,
Spann us die Pferdelin sin!
Bis (Sei) frisch und darzu unverzagt!
Wann er nummen Pfennig (keinen Pf. mehr) hat,
So riß ihm dGurgel ab!

Heb dich bald von dannen
Bewahr din Lib (Leib), din Gout,
Daß du nit werdest zu Schanden,
Halt dich in stäter Huot!
Der Buren Haß ist also groß,
Wann der Bur zum Tanze gat,
So dunkt er sich Fürsten Genoß.

. . . .

Ich weiß ein richen Buren,
Uf den han ichs gericht,
Ich will ein Wile luren (lauern),
Wie mir darumb geschieht,
Er hilft mir wohl us aller Not.
Gott grüeß dich, schöns Jungfreuwelin,
Gott grüeß din Mündlin rot."

Solche verwerfliche Grundsätze auf seiten des Adels, die gar manchmal zu unerhörten Gewaltthaten führten, mußten in den Herzen der Bauern dieselben Gefühle, Zorn und Haß hervorrufen oder aber jenes stolze Bewußtsein erzeugen, daß ihre Beschäftigung einen Wert, diejenige ihrer Gegner aber keinen habe. Und beides findet sich, was nicht überraschen kann, ebenfalls in Stimmen jener Zeit ausgesprochen: so der blutige Haß und die Hoffnung auf einen bevorstehenden Tag der Rache:

„Das wird Gott nit vertragen
Die bösen schwärlich Plagen,

> Sie werden noch erschlagen
> Von dem gemein Bauersmann,
> Es facht jetzt darzu an."[1])

Wurden in Westfalen, wie Werner Rolewinck[2]) um das Jahr 1478 in seinem „Lob auf Sachsen" schreibt, junge Adelige des Landes zur Freibeuterei mit den Worten erzogen:

> „Ruten, roven, det en is gheyn Schande,
> Dat doynt die besten van dem Lande",

so begreift man auch die Antwort, welche die Bauern darauf gaben:

> „Hangen, raden, koppen, stecken en is gheyn Sunde."

Verglich der Bauer seine ehrliche, harte Arbeit mit dem Thun und Treiben der Herren, dann empfand er nicht ohne Gebühr einen Stolz, wie ihn das Volkslied: „Der Ritter und Bauer"[3]) zum Ausdruck bringt:

> Der Ritter sprach: „Ich bins geborn
> Von Art ein edel Chunne! (Geschlecht)
> Der Baurmann sprach: Ich bau das Korn!
> Das dünkt mich besser Wunne
> Dein Edel macht du nicht lang verhügen, (an deinen Adel magst du
> nicht lang denken)
>
> Wär ich nicht Ackermann:
> Ich när dich mit des Pfluoges Zügen,
> Wär mir des Hailes gan. (das Glück zu gönnen.)
>
> R.: Hofzucht und ritterliche That,
> Die steht mir wohl zu Preise,
> So nähr ich mich in Heldes Kraft
> In soliches Handels Weise.

---

[1]) Uhland a. a. O. Nr. 143. Aehnliche Klagen der englischen Bauern überliefern englische Volkslieder: Gesetz herrscht nicht mehr, nur Unrecht und Gewaltthat; mit seinem Schweiße und seiner letzten Kraft muß der Arme dem schlemmenden Prälaten und hartherzigen Barone dienen.

> „Weg führten sie die treue Kuh,
> Doch waren's keine Dänen —
> Das treue Tier, denk' ich daran,
> Da kommen mir die Thränen."

Buddensieg, Wiclif und seine Zeit. S. 23.

[2]) Janssen I, 222.

[3]) Uhland a. a. O. Nr. 133.

Ich dien den zarten Frauen gern,
Die wollen sein haben recht;
So mußtu, Bauermann, dienen mir
Recht als mein aigen Knecht.

B.: Umb dein Hofieren geb ich nit
Als klein, als um ain Besen (was so wenig wert ist wie Spreu),
Ich han des Baurechts ainen Sit (die gute Sitte des Bauernrechts)
Das dünkt mich besser wesen (zu sein).
Was hilft dein Stechen und dein Tanz?
Darin ich kain Gut spür (nichts Gutes spür):
Mein harte Arbeit, die ist ganz,
Und trägt die Welt baß für (besser vorwärts).

Das gegenseitige Heruntersetzen, in welchem der Bauer dem
Adeligen nichts nachgab, beweist deutlicher als Alles, wie unge=
sund die gesellschaftlichen Verhältnisse beim Ausgang des Mittel=
alters in Deutschland waren. Die einzelnen Gesellschaftsschichten
standen sich mit der feindseligsten Gesinnung gegenüber. Keine
Brücke führte über die weite Kluft, welche die Stände von
einander trennte. Von Eigennutz, Eigensucht und beschränkter
Eigenliebe war die ganze Gesellschaft durchseucht. Die Fürsten
waren wider den Kaiser, der Adel gegen die Fürsten, die Bauern
und Bürger wider den Adel, den hohen und niedern. Eine selt=
sam anmutende allgemeine Zwietracht und Feindschaft loderte
wie eine Flamme im Innern der Gesellschaft. Mit der glänzenden
Schilderung, welche eine tendenziöse Geschichtsschreibung[1]) von
der letzten Zeit des Mittelalters entworfen hat, als wäre sie ein
Höhepunkt in der nationalen Entwickelung gewesen, stimmt der
schneidend grelle Mißton nicht, der aus dem gegenseitigen Murren
und Zanken, Zürnen und Schmähen unaufhörlich an unser Ohr
tönt, stimmt der trübselige Eindruck nicht, den die Zerrissenheit
dieser Gesellschaft noch heute hervorruft. Alles befand sich in
Gährung, nicht blos die Geister, sondern auch die Leidenschaften.
Die innere Zerrissenheit und haßerfüllte Spaltung hätte gar nicht
größer sein können: jedes Gefühl der Zusammengehörigkeit, soweit
es über die Schranken des eigenen Standes hinausging, war

---

[1]) Vergl. den Gesammteindruck des ganzen ersten Bandes von Janssen's
deutscher Geschichte.

44

geschwunden. Hielten doch selbst diejenigen nicht zusammen, welche durch die Gesellschaftsordnung einander sehr nahe gerückt waren: der Bürger und der Bauer, der Städter und der Land= bewohner. Bezeichnend ist die Thatsache, daß im 15. Jahrhundert nur sehr wenige selbst der bürgerlichen Dichter Mitgefühl für den Bauernstand an den Tag legen. Nur Rosenblüt erhebt seine Stimme für ihn. In seinem „Türkenspiel" (1456) läßt er den Boten vom Rhein sagen:[1] „Sage deinen Herren, daß ihre Küchen zu feist stehen, darum der Arbeiter schwitzt und schweißt und sein Hemd im Koth umwälzt, bis er ihre Kuchen geschmalzt weiß. Ihre Rosse stehen satt und glatt im Stall, statt am Pflug zu ziehen; den Bauern erhöhen sie die Zinsen und wagt es einer, sie drum zu schelten, so schlagen sie ihm die Rinder tot, mögen ihm Weib und Kinder drob verhungern!" Die andern Dichter, wie der schon genannte Pamphilus Gengenbach und Heinrich Wittenweiler, sind den Bauern durchweg ungünstig gesinnt.

Bis zu welcher Höhe aber die feindselige Gesinnung gegen den Bauern schon gediehen war, dafür liefert den besten Beweis ein adelsfreundliches Buch, welches der züricher Chorherr Felix Hemmerlin unter dem Titel: „Der Adel" (de nobilitate) ver= faßte.[2] Darin wird es geradezu als das Beste hingestellt, wenn der Bauernstand sich so befinde, daß er seine Lage zu beweinen habe: es wäre gut, wenn etwa alle fünfzig Jahre den Bauern Haus und Hof zerstört würden, damit die üppigen Zweige ihres Hoch= muts beschnitten würden. Nicht wie ein Mensch, sondern „wie ein scheußliches, halb lächerliches, halb furchtbares Gespenst tritt der Bauer dem Adeligen entgegen. Ein Mensch mit bergartig ge= krümmtem und gebuckeltem Rücken, mit schmutzigem verzogenem Antlitz, tölpisch dreinschauend wie ein Esel, die Stirn von Runzeln durchfurcht mit struppigem Bart, graubuschigem verfilztem Haar, Triefaugen unter den borstigen Brauen, mit einem mächtigen Kropf; sein unförmlicher, rauher, grindiger, dicht behaarter Leib ruht auf ungefügen Gliedern; die spärliche und unreinliche Kleidung ließ seine mißfarbige und thierisch zottige Brust unbe=

---

[1] Liliencron a. a. O. I No. 109 Einleitung und S. 505 Anm.
[2] Bezold a. a. O. S. 17.

deckt." Dies Bild stimmt freilich nicht im mindesten mit der
Wahrheit; allein grade aus dieser Karikatur erkennt man den
innern Abscheu, mit welchem der Adel auf den Bauern herab=
sah. Der nämliche Hemmerlin bezeugt aber auch die Gesinnung
des Bauern, indem er denselben mit zornigen Worten die Raub=
wirtschaft des Adels und die Rechtsverdreherei der Juristen
geißeln läßt. Es wäre gut, sagt der Bauer, wenn es keine
Pferde und Maultiere auf der Erde gäbe, sondern nur Acker=
und Lastvieh, dann würden die Kriege und Fehden aufhören.
Wenn der adelsfreundliche Verfasser mit solchen und besonders
auch biblischen Argumenten seinen Bauern hervortreten läßt, so
wird dadurch bewiesen, daß diese Argumente volkstümlich d. h.
in Aller Munde waren; denn Hemmerlin konnte sich nicht be=
wogen fühlen für die Sache seiner Gegner, der Bauern, neue
und zugkräftige Waffen zu schmieden. Er läßt z. B. den Rustikus
mit Selbstgefühl sich darauf berufen, daß Adam schon ein Bauer
war, also Gott diesen ersten und edelsten Stand selbst geschaffen
habe, während die übrigen Stände dies nicht von sich rühmen
könnten. Deshalb ruft der Bauer, dem seine Freiheit genommen,
mit den Worten des Psalmisten die Rache Gottes auf sie herab,
„denn ich weiß, daß der Herr wird des Elenden Sache und des
Armen Recht ausführen."

Diese Erbitterung war im höchsten Grade schädlich und
verderbenbringend. Indem sie jedes gerechte Urteil von vorne=
herein ausschloß und eine verständnisvolle Teilnahme an den
Bedürfnissen und Bedrängnissen der einzelnen abschnitt und un=
möglich machte, mußte sie Unheil gebären. In dieser gegenseitigen
Ungerechtigkeit Aller gegen Alle lag eine ungeheure Gefahr für
das ganze Volk: an eine Beseitigung der unleugbaren Schäden
war nun nicht mehr zu denken. Der schnödeste und beschränkteste
Egoismus verdunkelte den freien Blick: ein schlimmerer Kasten=
geist hat niemals in Deutschland geherrscht. Das Unglück des
anderen Standes betrachtete man als sein eigenes Glück. Von
dem Volkslied „Die Städte" [1] lauten die drei letzten Verse
charakteristischer Weise also:

---

[1] Liliencron a. a. O. I, 417.

Wirtemberg, das edel Blut,
Verdreußt der Ulmer Uebermut,
Er wil sie visitieren,
Sie süllen fürbaß Wollseck binden;
Gott wöll, daß si mit ihren Kinden
Land und Leut verlieren!

Und soll der Krieg noch länger währen,
So werden zwar der Stangen geren (in Wahrheit sich unterwerfen)
Die Städt an allen Enden.
Es gat in (geht ihnen), als si hand verschuldt,
Die Gmaind hat billig Ungeduld,
So Glück sich nit will wenden.

Gelück bestand dem Adel bei,
Verbiet den Bauern ihr Geschrai:
Wünsch ich von ganzem Herzen;
Daß sie sich vor dem Adel schmiegen
Und nicht(s) gewinnen an den Kriegen
Dan Reue, Laid und Schmerzen.

Man müßte es als ein Wunder ansehen, wenn die Bauern diese gehäßige Gesinnung nicht erwidert hätten. Denn abgesehen davon, daß man von ihrem Bildungsstand eine solche Bekämpfung der Leidenschaft, eine solche Seelenstärke am wenigsten zu erwarten berechtigt wäre, mußten die wirkliche Not, der sie ausgesetzt waren, die Verachtung und die täglichen Plackereien seitens ihrer Herren, ihre Hilflosigkeit in streitigen Sachen, die harte Arbeit ihres Berufes gegenüber dem leichteren Leben der Oberen sie zu dem Glauben führen, daß sie ein sittliches Recht zu ihrem Neid und Haß und Trotz hätten.

Diesen Widerstreit der Stände zu beseitigen, die Mißstände der Zeit zu mildern, diese Gegensätze auszusöhnen, dem Reichen seinen Hochmut, dem Armen seine Bitterkeit zu verweisen, wäre Beruf und Aufgabe der Kirche und der Geistlichkeit gewesen. Aber es geschah nichts von Bedeutung und Wirkung. Ein großer Teil des Klerus, besonders der höhere, welcher vorwiegend aus Adeligen bestand, hatte kein Herz für das niedere Volk, ja erwies sich häufig als schlimmster Feind der Bauern und als unbarmherziger Bedrücker der Untertanen. Schon sein durch und durch weltliches Thun und Treiben war eine grobe Sünde. Das

Beispiel dieses gottentfremdeten Lebens mußte bei ernsten Ge=
mütern Anstoß erregen, bei den Armen und Verachteten im
Lande aber den letzten Halt, allen Glauben erschüttern. Klagt
doch selbst ein Wimpheling: „Auch im geistlichen Stand ist die
Ueppigkeit weit verbreitet, besonders bei den Geistlichen von
Adel, die keine Seelsorge haben und es im Prassen den reichen
Kaufleuten gleichthun wollen". Und die Sünden der Ueppigkeit
waren keineswegs die einzigen. Es war weit davon entfernt,
daß überall unter dem Krummstab gut zu wohnen gewesen wäre.
Wer z. B. die Leidensgeschichte der Gotteshausleute von Kempten,
deren Aebte das Recht beugten und alles was die Gerechtigkeit
forderte, verhöhnten, sich näher ansieht, wird dies bestätigen.
Aber auch die niedere Geistlichkeit stand nicht durchweg auf
Seiten des Volkes, die wie sein Leben so auch seine Leiden und
Schmerzen geteilt und gekannt hätte. Durch den Unfug der
Pfründenhäufung zerfiel sie in zwei streng geschiedene Klassen:
Die Pfründenbesitzer und die, welche im Namen derselben die
Seelsorge übten. Jene zogen sich vom Amte zurück und genossen
die Erträgnisse ihrer Pfarreien nach dem Beispiel von oben
Diese dagegen bildeten ein geistliches Proletariat, das oft noch
ärmer und abhängiger war als der Bauersmann. Sie hatten
mit der Not des Lebens zu kämpfen, wie dieser, waren der
Willkür der Pfarrherren ausgesetzt, denen nichts daran lag, wie
oft sie diese ihre Diener wechselten. Am Angebot solcher Kräfte
war kein Mangel. Es ist begreiflich, daß solche Seelsorger
wenig Einfluß in den Gemeinden gewannen und durchaus un=
geeignet waren durch ihre Wirksamkeit die Gemüter zu besänftigen,
erwachende Leidenschaften zu zügeln und durch ihren Zuspruch
die Leute willfähriger und geduldiger zu machen. Im Gegenteil,
sie nährten gar oft die Unzufriedenheit des gemeinen Mannes
durch Reden in seinem Sinne, sie schlugen sich auf seine Seite,
gaben ihm Recht und haßten mit ihm die oberen Stände als
Urheber dieser ihrer gemeinsamen Not. Aus den Reihen dieses
Teils der Geistlichkeit erhielt der Bauernstand viele Bundes=
genossen in seinem Streite mit seinen Herren: vom ersten Anfang
der Bewegung an bis zum Bauernkrieg in der Reformationszeit.

Die Kirche aber als solche und die von ihr völlig abhängige

Wissenschaft that nichts zur Lösung dieser bedeutsamen Frage. Man hatte sich mit anderm zu beschäftigen; vor Allem galt es die kühnen Forderungen der freieren Geister und der großen Concilien des Jahrhunderts zu beseitigen und zum Schweigen zu bringen. Jedes Zugeständnis würden die Päpste als eine Einbuße ihrer unbeschränkten Machtfülle angesehen haben. Mit dem größten Eifer und leider nicht ohne Erfolg strebten sie darnach den bedenklichen Ausspruch von Constanz und Basel wieder aus der Welt zu schaffen, daß ein Concil über dem Papste stehe und auch über ihn Macht habe. Daß dies wirklich gelang, entscheidet am besten die Frage, ob von oben herab irgendwie eine Förderung der allenthalben nötigen Reform zu erwarten war oder nicht. Die Wissenschaft aber, zu unfrei und gebunden, als daß sie selbstständig ihre Wege gegangen wäre, huldigte mit der Kirche eher dem Rückschritt als dem Fortschritt. Es ist bezeichnend, daß das gesamte Mittelalter nicht im Stande war eine wissenschaftliche Wirtschaftslehre zuwege zu bringen, erst der reformatorischen und nachreformatorischen Zeit blieb es vorbehalten die Wissenschaft der Nationalökonomie zu begründen und auszubilden. Gerade dadurch aber, daß die Kirche in Bezug auf die Fragen des wirtschaftlichen und socialen Lebens nichts that Klarheit zu schaffen und einen sichern Standpunkt zu gewinnen, hat sie den subjektiven Meinungen hierüber nicht blos Thür und Thor geöffnet, sondern ein gewisses Recht zugestanden. Man sollte nicht heute noch diejenigen anklagen, die hierüber selbstständig zu denken wagten, sondern die Kirche und die Wissenschaft, welche beide teilnahms= und verständnislos in kaltem Schweigen verharrten.

In erster Linie ist hier die Frage nach dem Mein und Dein d. h. nach dem Recht des Privateigentums, des „Sonder= eigens" zu nennen[1]). Sie mußte sich, von allem andern ab= gesehen, schon deshalb immer wieder in den Vordergrund drängen, weil die Bibel von einem Zustande der ersten christlichen Gemeinde berichtete, von dem die Kirche längst völlig wieder abgewichen

---

[1]) Vergl. die lehrreiche Studie von Uhlhorn in der Zeitschrift für Kirchengeschichte Bd. 4.

war und der vielleicht gerade aus diesem Grunde als das zu erstrebende Ideal von Manchen angesehen wurde. Der Verfasser der Apostelgeschichte erzählt bekanntlich von der Gemeinde zu Jerusalem im vierten Kapitel (Vers 34): „Es war auch keiner unter ihnen, der Mangel hatte; denn wie viele ihrer waren, die da Aecker oder Häuser hatten, verkauften sie dieselben und brachten das Geld des verkauften Guts und legten es zu der Apostel Füßen; und man gab einem jeglichen, was ihm not war". Einzelne Denker kamen während des ganzen Mittelalters immer wieder auf dieses Bibelwort zurück und erblickten in der Wieder= kehr eines solchen Zustandes, der ihnen möglich schien, ein Heil= mittel für die Gebrechen ihrer Zeit, sofern dieselben in der un= gleichen Verteilung der irdischen Güter ihren Grund hatten. Das Privateigentum erschien als eine Schöpfung des Eigennutzes, der in liebloser Weise sich gerne zur Unterdrückung des Nächsten steigert. Dem Gebot der allgemeinen Christenliebe läuft un= streitig ein solches Verhalten schnurstracks zuwider; sie fordert vielmehr die Beseitigung menschlicher Not und Armut, soweit dies auf Erden möglich ist. Weil in den ersten Zeiten der christlichen Gemeinschaft dies wirklich erreicht worden war, so wies man mit stets neuem Eifer auf dieses Beispiel hin, d. h. keiner Periode des Mittelalters fehlt die communistische Idee und damit die Polemik gegen das Recht des Besitzes. „Durch die Einführung der Gütergemeinschaft, sagt schon Chrysostomus[1]), würde der Himmel auf die Erde kommen, Arm und Reich miteinander in Frieden leben und der Staat selbst der Engel würdig werden können". Ambrosius erklärt aus dem Naturrecht die Notwendig= keit des gemeinsamen Besitzes, Gott habe den Menschen die Erde als gemeinsamen Besitz überlassen, das Privatrecht sei durch Gewalt gekommen. Lactantius[2]), Tertullian[3]) und die andern Kirchenväter sprachen ähnliche Ansichten aus, sie hielten „das Leben im Paradies und in der Christengemeinde zu Jerusalem ihrer Zeit als einen Spiegel vor, in welchem sie ihre Selbstsucht

---

[1]) Hom. in acta apost. VII. XI.
[2]) instit. de justitia lib. V.
[3]) Apolog. cap. 38.

und Herzlosigkeit und die daraus entspringende Massennot er=
blicken und zugleich erkennen sollte, daß nur die Liebe jene arge
Ungleichheit der Stände und das drückende Elend der untern
Volksklassen aufzuheben vermöge".

Die Wirkung der Aussprüche dieser Autoritäten war, daß
auch die Scholastiker diesen Ansichten im Ganzen beipflichteten.
Nur Thomas von Aquino bekämpft von seinem aristotelischen
Standpunkt aus die Meinung, daß das Privateigentum irgend=
wie Folge der menschlichen Sündhaftigkeit sei; das Sondereigen
habe die größten Vorzüge vor dem Gemeineigen: die aufmerksame
Pflege des irdischen Besitzes, der Wert und die Lust der Arbeit
würden ebenso verschwinden wie die Ordnung, der Friede und
die Harmonie der menschlichen Gesellschaft. Allein selbst das
große Ansehen, in welchem dieser tiefe Denker stand, konnte nicht
bewirken, daß seiner wolbegründeten Meinung Zustimmung und
Beifall zu Teil wurde. Die alte Lehranschauung blieb herrschend
und wurde sogar von Kaisern wie Friedrich II. und Karl IV.
adoptiert, welche es anerkannten, daß nach dem „Naturrecht" alle
Dinge anfänglich Gemeingut gewesen und daß erst durch den
Sündenfall eine Teilung des Besitzes herbeigeführt worden sei.
Von Wiclif und Hus wird besonders zu reden sein. Gabriel
Biel, ebenfalls ein Anhänger des Aristoteles, über dessen Ethik
er Predigten hielt, lehrte noch gegen das Ende des 15. Jahr=
hunderts, obwol ihm ein hohes Maß nationalökonomischer Ein=
sicht nachgerühmt wird, daß im ursprünglichen Zustand der Un=
schuld nach dem Naturrecht Allen Alles gemein gewesen sei; durch
den Sündenfall sei dieser Communismus aufgehoben und das
Privateigentum eingeführt worden. Zwingli[1]), der sich von
Schwärmereien frei zu halten wußte, hatte die gleiche Ansicht,
wenn er sagte: „Darum nun alle Dinge in Eigenschaft kommen
sind, so lernen wir, daß wir Sünder sind, und ob wir von
Natur nicht wüst wären, so wäre doch die Eigenschaft eine große
Sünde, genug, daß uns Gott verdammte; dann das er uns frei
gibt, das machen wir eigen". Selbst dem Zerrbilde, das von

---

[1]) Zöllner a. a. O. S. 8 ff. Schmoller, Zeitschft. f. d. ges. Staats=
wissenschaft Bd. VI, 711.

diesen communistischen Ideen die Wiedertäufer lieferten, indem sie dieselben in die Praxis übersetzten, darf man nicht abstreiten, daß sein Grundgedanke, aus dem es entsprungen ist, die allgemeine Christenliebe war.

Diese communistischen Anschauungen blieben schon in der mittelalterlichen Zeit nicht ohne Wirkung. Aus ihnen entsprang die Verherrlichung der Armut, die Forderung eines armen Lebens, die Bekämpfung des Reichtums und damit der Klassenhaß der Besitzlosen gegen die Begüterten. Auch dabei fehlt es nicht an Beziehungen auf die Bibel. Im Freidank z. B. wird gefragt:

> „Was frumt dir, richer Mann, dein Guot,
> So dich der Tod nimmt in sein Huot?"

Arm war ja der Heiland selbst und arm sollten seine Jünger sein. Wer arm ist, so folgerte man, steht ihm also näher. Im Lucidarius, einem im Mittelalter vielgelesenen Buche, wird ausgesprochen, daß die Bauern deshalb am meisten Aussicht auf die Seligkeit hätten, weil sie das ganze Volk im Schweiße ihres Angesichts ernähren[1]. In einer Kölner Chronik wird behauptet, Christus sei auf Erden als Bauer gewandelt; im Evangelium sage Jesus: „Mein Vater ist ein Baumann"[2], sich selbst nenne er einen „Schafhirt". „Gleichwie von dem edeln Ackersmann alle Stände, geistlich und auch weltlich, gespeiset und gefüttert werden, so thut auch Gott der Vater". Der saure Beruf im Schweiße des Angesichts war also mit nichten verächtlich, sondern ein edler: ohne den armen Stand der Bauern könnte die Welt gar nicht bestehen:

> „Ich lob dich, du edler Baur
> Für alle Kreataur,
> Für alle Herrn auf Erden;
> Der Kaiser muß dir gleich werden",

rühmt der schon angeführte Rosenblüt in seinem Spruche: „der Bauern Lob"[3]. Unter den drei von Gott geschaffenen Ständen,

---

[1] Bezold, Sybels hist. Ztsch. Bd. 41, 28.
[2] Joh. 15,1. Pater meus agricola est.
[3] Bezold a. a. O. S. 33.

dem Nähr=, Wehr= und Lehrstand steht nach einem Worte im Freidank der Nährstand obenan:

> „Gott hat driu (drei) Leben (Stände) geschaffen:
> Gebure (Bauern), Ritter uno Pfaffen".

Der erste Mensch war ein Ackersmann und die erste menschliche Beschäftigung den Boden zu bestellen; die übrigen Stände sind erst später geworden. Dieser Stolz wagte sich sogar bis zum Kaiser empor, daß er einen Maximilian I. fragte:

> „Als Adam grub und Eva spann,
> Wo war denn da der Edelmann?"

Ja die bäuerliche Arbeit, scheinbar nur bestimmt für die leibliche Notdurft zu sorgen, hat den hohen Beruf das Brot des Lebens zu schaffen, mit dem der Erlöser dem Menschen im heiligen Abendmahl seinen Leib, sein Fleisch darreichen läßt:

> „Ich bau die Frucht mit meiner Hand,
> Darein sich Gott verwandelt
> In des Priesters Hand[1]"

So tröstete sich der Bauer über sein entbehrungs= und arbeitsreiches Leben, indem er es im Lichte mystisch=religiöser Verklärung anzusehen suchte. Aber es war freilich nur ein Trost.

Und im Schoße der Kirche selbst gewann eine Richtung Boden, welche durch ihr „armes Leben" als ein Protest gegen die bestehenden Verhältnisse anzusehen ist. Die Zulassung der Bettelmönche, d. i. der beiden Orden des heiligen Franciscus und des heiligen Dominicus, ist im Grunde doch ein Zugeständnis, daß das Weltleben des Klerus und sein Reichtum sogar ein kirchliches Gegengewicht gegenüber den Massen unbedingt verlange. Ihre Forderung der Armut ging von den communistischen Anschauungen aus und bezweckte durch ein Beispiel die Versöhnung derer, die am Besitz und Reichtum Anstoß nahmen. Aber die neue Einrichtung versagte so sehr ihre conciliante Wirkung, daß dadurch erst recht der latente Streit in die christliche Welt hineingetragen wurde. Denn das Gelübde der Armut fand innerhalb des Franciscanerordens eine doppelte Auslegung, eine laxere und eine schärfere, indem jene zwar nicht den Besitz, aber doch den Nieß=

---

[1] Bezold a. a. O. S. 28.

brauch weltlicher Güter gestattete, die strengere dagegen ohne Um=
schweif beides verwarf und auf die buchstäbliche Erfüllung der gelobten
Armut drang. Diese strengere Richtung derer, welche sich als
Spiritualen, Fraticellen, Apostelbrüder u. s. w. zusammenschlossen,
den weltlichen Besitz verwarfen und die Gleichheit vor Gott als
den unumstößlichen Fundamentalsatz hinstellten, von welchem aus
eine Reform der Kirche vorzunehmen sei, erntete den ungeteilten
Beifall des niederen Volkes. Im Jahre 1342 lehrte ein Priester
Namens Herman Küchner im Bistum Würzburg neben andern
Artikeln, daß „die Päpste und Bischöfe ihres Amtes halber nicht
größer oder mehr wären, denn andre Priester." Er mußte seine
Lehren vor dem Ketzermeister widerrufen. Ein Laie, Konrad
Hager, eiferte ebendaselbst zur gleichen Zeit gegen das Meßopfer
und die Meßfronden. Man solle, riet er, den Priestern kein
Opfergeld mehr geben, „es sei lauter Grempelei, Pfaffengeiz,
Simonie, Raub des Almosens, welches denen armen hungrigen
und dürftigen Leuten gebühre. Er wolle gern leyden, was ihm
gebühret, wenn er nur das Meßfronen abbringen möchte." Auch er
verfiel dem Ketzergericht.[1] Daß aber päpstlicher Machtspruch diese
als Ketzer brandmarkte, vermehrte nur ihren Anhang. Es war
eine unerhörte Erscheinung, daß der nämliche Papst Johann XXII.
welcher dieses Verdammungsurteil ausgesprochen hatte, von dem
deutschen Kaiser Ludwig dem Bayern und seinen kirchlichen Streit=
genossen, den Minoriten d. h. eben der strengeren Partei im
Franciscanerorden, selber der Ketzerei angeschuldigt, mit allen
Mitteln literarischer Polemik bekämpft und als Ketzer abgesetzt
wurde. Wenn es auch der päpstlichen Partei gelang, diesen Sieg
ihrer politischen und socialen Gegner wieder in sein Gegenteil
zu verwandeln, so bedeutete dies doch noch keine Niederlage der
Theorieen und Lehren derselben. Im Gegenteil, man darf sagen,
die Sekten aller Art schossen wie Pilze aus dem Boden. Von
den energisch kämpfenden Paterenern und Dolcinianern in Italien,
von den Begharden, den Brüdern vom armen Leben, den Loll=
harden, der Sekte des freien Geistes, den Brüdern und Schwestern

---

[1] Lor. Fries, Historie der Bischöffen zu Wirtzburg bei Ludwig,
Geschichtsschreiber v. d. Bischofthum Wirtzburg S. 626.

der freiwilligen Armut an, lauter extremen Vereinigungen, welche
nicht nur das Privateigentum verwarfen, sondern auch die Sakra-
mente z. B. des Abendmahls und der Ehe, und von einem leiden-
schaftlichen Haß gegen die höhere Geistlichkeit erfüllt waren —
von allen diesen schon aus der Kirche gedrängten Sekten bis zu
den frommen „gelassenen" Mystikern und den Brüdern vom
gemeinsamen Leben herab zieht sich wie ein roter Faden die Verachtung, ja die gänzliche Verwerfung des zeitlichen Besitzes. Der
Erwerb zeitlicher Güter, sagt der Mystiker Ruysbroek, hindert
die Vergöttlichung der Seele; jedoch beugen vor ihnen auch die
Päpste, Fürsten und Prälaten ihre Kniee und haben nicht die
Besserung und Zucht der Seelen, sondern den Beutel im Auge;
die Kirche selbst ist dem Reichtum zugänglich und bietet für Geld
ihre Gaben. Denn für die Reichen liegt alles Geistliche bereit,
ihnen wird gesungen und gelesen; was in der Kirche äußerlich
geschehen kann, ist für sie da; leicht erhalten sie Ablaßbriefe für
die Strafen des Fegefeuers und für alle Sünden; nach ihrem
Tod hört man überall singen und läuten, und sie werden vor
dem Altar begraben und selig gesprochen. Den Geistlichen haften
besonders drei Fehler an: Trägheit, Fresserei und Schwelgerei.
Man findet unzählige Bettelmönche, aber wenige, welche die Sta-
tuten ihres Ordens beobachten; sie wollen Arme heißen, aber sie
saugen alles Land, was auf sieben Meilen um ihr Kloster herum-
liegt, aus und leben im Ueberfluß; ja unter ihnen selbst giebt
es wieder Abstufungen, was gar nicht vorkommen sollte: einige
haben vier, fünf Röcke, die andern kaum einen; die einen schmausen
im Refektorium, die andern müssen sich mit Gemüse, Häring und
Bier begnügen, diese werden dann neidisch, um so mehr, da sie
meinen, alle Güter sollten gemein sein.[1]

In solchen Worten eines unantastbaren Mannes, der selbst Geistlicher war, lag des aufstachelnden und aufreizenden Stoffes genug.
Das niedere Volk sah sich dadurch in seinem Haß gegen den
verweltlichten Clerus, wie gegen den Reichtum außerordentlich
bestärkt; denn „es fühlte sich in seiner Armut auch in geistlichen
Dingen von den Reichen bedroht und bedrückt." Den commu-

---

[1] Ullmann, Reformatoren vor der Reformation II, 57 f.

nistischen Wahngebilden, denen sich der Arme so gerne hingibt, wurde dadurch Thür und Thor geöffnet. Der Boden ward so seit lange, man kann sagen, sorgsam für eine weitere Entwickelung dieser gefährlichen Doktrinen bereitet, als die husitische Bewegung in Böhmen jene communistischen Theorieen nicht blos weiterbildete, sondern auch nicht davor zurückschreckte, sie in böse Thaten umzusetzen. Wir sehen aber aus dem gesagten, daß auch die Husiten das neue sociale Evangelium nicht erst in die Welt gebracht und erfunden haben, sondern daß auch die böhmische Revolution nur ein Glied, wenn auch ein bedeutsames, in einer langen geschichtlichen Kette bildet. Schon im 16. Jahrhundert hat allerdings ein Feind der Reformation [1]) und Luthers insbesondere folgende Behauptung aufgestellt: „Auf Johannes Hus und seine Anhänger lassen sich fast alle jene falschen Grundsätze über die Gewalt geistlicher und weltlicher Obrigkeit und über den Besitz irdischer Güter und Rechte zurückführen, welche wie früher in Böhmen, so jetzt bei uns Aufruhr und Empörung, Raub, Brand und Mord und die schwerste Erschütterung des ganzen Gemeinwesens hervorgerufen haben. Das Gift dieser falschen Sätze fließt schon seit langer Zeit aus Böhmen nach Deutschland und wird überall, wohin es sich verbreitet, dieselben verheerenden Wirkungen ausüben." Diese Behauptung ist neuerdings mit einem nicht mißverständlichen Nachdruck wieder aufgenommen worden. Aber sie enthält einen groben Irrtum. Die husitische Bewegung hat nicht die Wurzel des Communismus gelegt, die sich im Gegenteil schon in viel früherer Zeit findet, sondern sie ist selbst schon eine Frucht, freilich eine hervorragend große und gereifte Frucht eines alten Baumes.

Geleugnet aber kann nicht werden, daß der Husitismus außerordentlichen Einfluß auf die deutsche Bauernschaft gewonnen hat. Die Lage und die Anschauungen des Bauernstandes waren eben der Art, daß er begierig auf die Worte eines Mannes lauschen mußte, der die Absicht kund that, Wandel in den hergebrachten Dingen zu schaffen, und der mit einem Freimut sonder-

---

[1]) Contra M. Lutherum et Lutheranismi fautores zu vergl. Janssen II, 393.

gleichen nicht blos auf einen Punkt seine Angriffe richtete. Gerade da und hauptsächlich da, wo die Lage der Agrarbevöl= kerung sich bis zum unerträglichen gestaltete, fand „das böhmische Gift" Eingang — nicht über Nacht, sondern langsam und all= mählich, wie es dem bedächtigen Sinne des Bauern entsprach. Bevor jedoch dieser Prozeß der Vermittelung und des Eindringens der husitischen Lehren in Deutschland geschildert wird, muß ein flüchtiger Blick auf diese selbst geworfen werden.

Drittes Kapitel.

Das „böhmische Gift" und seine Verbreitung in Deutschland.

Keinem Zweifel unterliegt es, daß Hus, wie er im Ganzen von dem Engländer Wiclif abhängig ist, so besonders in seinen wirtschaftlichen Auslassungen sich streng an denselben anschloß: ein Punkt, auf den wir noch zurückkommen müssen. Aber auch bei Wiclif selbst ist die Verbindungslinie nachweisbar, die ihn in seiner Lehre vom Eigentumsrecht mit den bestehenden Ver= hältnissen und mit anderen mittelalterlichen Schriftstellern verband. Seine Anschauung von der wahren Kirche wurde bedingt durch die Schäden der Kirche seiner Zeit, des Papsttums insonderheit, wie es in Avignon geworden war.[1]) Er zog daraus um so sicherer den Schluß, daß die wahre Kirche arm und machtlos in den Dingen dieser Welt, aber reich an geistlichen Gütern sein müsse, daß also weltlicher Besitz für sie eher schädlich, als nützlich sei. Gerade aber in diesem Punkte sah er als seine Vor= gänger und Bundesgenossen die Minoriten Occam und Marsilius von Padua, d. h. jene Männer, deren Protest gegen die Ver= weltlichung der Kirche zumeist in Deutschland Beifall und An= knüpfungspunkte gefunden hatte. Ihre Lehre vom Eigentum namentlich hat Wiclif weitergebildet oder, wenn man will, ge= steigert. Hatten diese behauptet, Gott, nicht der Papst ist der Herr aller weltlichen Herrschaft, so ging Wiclif von diesen Vor= dersätzen noch zu weiteren Schlußfolgerungen über. Jeder Mensch

---

[1]) Buddensieg, Johann Wiclif und seine Zeit. S. 130 ff.

sagt er, trägt also seinen irdischen Besitz von Gott zu Lehen; wenn er nun gegen Gott sich Ungehorsam durch eine Todsünde zu Schulden kommen läßt, so verliert er Besitz und Recht. Dieser Schluß ist, die Richtigkeit des Vordersatzes von dem Lehen alles irdischen Gutes zugegeben, unanfechtbar. Die Todsünde scheidet den Sünder unwiederbringlich von Gott. Der Lehensmann muß also auch seines Lehens verlustig gehen, er hat kein Recht mehr darauf. Inwieweit Hus den Lehren des Wiclif gefolgt ist, wird sich hernach zeigen. Hier kommt es aber vor allem darauf an hervorzuheben, daß er diesen „ketzerischen" Aussprüchen seines Meisters nicht etwa aus purer Verblendung beifiel, sondern daß die bäuerlichen Verhältnisse dazu hinreichend angethan waren, in ihm Gedanken von ihrer Unhaltbarkeit zu erwecken. Es wird sich bestätigen, daß auch hier das Thatsächliche die Theorie, nicht umgekehrt der Fanatismus eines Einzelnen die Unzufriedenheit der Masse erzeugte. Wenn bei der Betrachtung irgend eines geschichtlichen Prozesses an einer Erkenntnis fest zu halten ist, so gilt dies ganz besonders für das Verständnis des durch das ganze Mittelalter sich hinziehenden wirtschaftlichen Prozesses, an dessen Ausgang der Bauernkrieg steht. Die bäuerlichen Verhältnisse hatten sich in Böhmen, im Laufe der Zeiten vielleicht noch schlimmer gestaltet wie in Deutschland. Dadurch, daß die Grundherren zugleich die Gerichtsbarkeit besaßen, hatten sie Verträgen und Gesetzen zum Trotz ein Mittel, das ihnen jede Gewaltthat möglich machte. In der That scheint auch die Behandlung der Landbevölkerung vielfach über alles Maß barbarisch und grausam gewesen zu sein; denn sonst würde Karl IV. den Adeligen nicht verboten haben, ihren Hörigen die Augen auszustechen oder Nase, Hand und Fuß abzuschneiden.[1] Es war schon mehr als genug, wenn den Bauern ein Recht um das andere abgezwackt wurde. Die Bauern, sagt ein böhmischer Gelehrte jener Zeit, seien auf den kirchlichen Gütern elende Tröpfe und Sklaven, die nichts als die bloße Nutznießung hätten. Die freien Bauern waren zu Zinsbauern herabgesunken, die zwar noch das Freizügigkeitsrecht besaßen, aber als sie davon einen ausgedehnten Gebrauch

---

[1] Bezold, z. Geschichte des Husitentums. S. 57.

zu machen suchten, durch königliche Machtsprüche und Landtags=
beschlüsse daran verhindert wurden. Neben ihnen saßen noch
Hörige, die schon früher ihre Selbstständigkeit eingebüßt hatten.
Alle Reformversuche seitens der Bauern, selbst seitens wohlmei=
nender Männer, wie des Erzbischofs Johann von Prag oder
seines Vikars Kunes von Trebovel (1386), scheiterten an dem
unnachgiebigen Sinn der Herren, der weltlichen und der geistlichen.
Aus diesem Grunde fanden die communistischen und demokratischen
Lehren frühzeitig einen fruchtbaren Boden in Böhmen: Begharden
und Dolcinianer wirkten hier mit solchem Erfolge, daß selbst
päpstliche Bullen sich mit der Sache befaßten und zur Ausrottung
des sektirerischen Irrwahns aufforderten. Da aber nichts zur
Hebung des Uebels geschah, so wucherte diese Aussaat wie Un=
kraut: von allen Seiten strömten „unzählige Ketzer, meist Deutsche
und Fremdlinge herbei." Das Bemerkenswerte ist aber, daß hier
in Böhmen sehr bald, schon vor den Husiten, Gewalt gegen Ge=
walt gesetzt wurde. Daß man 14 Männer und Frauen wegen
Ketzerei verbrannt hatte, beantworteten die Gesinnungsgenossen der
Gerichteten mit der Ermordung des päpstlichen Inquisitors, des Pre=
digermönches Gallus von Neuburg im Jahre 1341 — ein unheil=
volles Beispiel. Statt die Gemüter zu versöhnen, waren sie erst
recht entzweit worden. Der nachmalige wütende Haß der Husiten
gegen den Clerus mag zum Teil aus diesen Vorgängen sich erklären.

Man hatte die Bauern nicht blos von Seiten ihrer geist=
lichen Oberen mit mehr als unziemlicher Härte behandelt, sondern
auch von Seiten der kirchlichen Autorität wegen ihrer begründeten
Proteste als Ketzer gescholten, verfolgt und wo es ging gestraft.
Diese schlimme Aussaat mußte aufgehen. Wer gegen die be=
stehende Kirche und gegen die Verweltlichung des Klerus sei es
protestirend oder revoltirend auftrat, durfte auf den Beifall der
böhmischen Bauern rechnen. Das erfuhren zunächst die Volks=
prediger Milic von Kremsier und Konrad von Waldhausen, dieser
ein Deutscher, jener ein cechischer Priester. Waldhausen berührte
zwar die Frage des weltlichen Besitzstandes der Kirche nicht, aber
er eiferte gegen die Schenkung an Klöster, die man besser den
Armen zufließen lasse; er predigte gegen Verschwendung und
Geiz und verdammte den Wucher. Mit radikaleren Lehren trat

Milic auf, die geeignet waren, die Menge in die größte Aufregung zu verseßen; denn was er wollte, widersprach einem integrirenden Teile der damaligen Gesellschaftsordnung: er verwarf eigentlich Handel, Kapital und geistliches Eigentum. Wer Abgaben einer Gemeinde kaufe, wer Sachen erhandle, um sie teurer zu verkaufen, müsse aus der Kirche gestoßen werden. Die Zinsen, welche die Geistlichkeit für Grund und Boden erhebt, sind ihm nichts als Wucher; Priester sollen, wie er meint, überhaupt kein persönliches Eigentum, sondern nur gemeinsames besißen. Zu diesen und ähnlichen Worten, welche Milic selbst durch seine Wanderpredigten mitten unter das Volk trug und die auf den fruchtbarsten Boden fielen, brauchte im Grund Hus einige Dezennien nachher nichts Neues hinzuzufügen; er durfte sie nur in Erinnerung bringen, sie enthielten genug Zündstoff. Wenn darauf hingewiesen worden ist, daß durch Hus das ganze Privatrecht in Frage gestellt wurde[1] so kann man getrost noch einen Schritt weiter gehen und be= haupten, daß schon Milic einen totalen Umsturz des Privatrechtes herbeigeführt hätte, wenn seine Lehren in die That umgeseßt worden wären. Daß dies erst unter oder vielmehr nach Hus geschah, hatte seinen Grund in verschiedenen Umständen. Mehr noch als Hus' Lehre, führte sein Tod die Katastrophe in ihrem ganzen Umfange herbei; aber von außerordentlicher Wirkung blieb doch sein Wort, das wie ein Evangelium verehrt wurde, selbst noch über die blutige Zeit der Husitenkriege und weit über die böhmische Grenze hinaus. Als das wesentlichste Element des Husitismus, hinter welchem troß Allem das Politische und Na= tionale bedeutend[2] zurücktritt, müssen seine religiösen und socia= listischen Bestandteile angesehen werden: sie waren wahrhaft international, denn sie trafen allerwärts auf ähnliche Anschau= ungen und Richtungen. Dieser propagandistische Zug des Husiten= tums und die Empfänglichkeit für seine Forderungen wird durch

---

[1] Zöllner a. a. O. S. 35.

[2] Nur so ist es zu verstehen, daß der cechische Deutschenhaß und die spätere Verwüstung deutscher Nachbarländer seitens der Husiten selbst von einem großen Teil der Zeitgenossen so leicht vergessen oder übersehen werden konnte, weshalb nicht allein Hus auf seinem Zug nach Constanz in vielen deutschen Städten wie ein Held gefeiert wurde, sondern auch die husitischen, sozialistischen Doctrinen vielfachen Beifall gewannen.

manche Dinge bezeugt:[1]) Schon 1420 fordern die Prager und Taboriten, daß ihre vier Artikel 1) freie Predigt des göttlichen Wortes, 2) die Kommunion unter beiderlei Gestalt für alle Gläubigen 3) Einzug aller Kirchengüter, weil der weltliche Besitz die Geistlichkeit hindere ein wahrhaft evangelisches Leben zu führen, 4) Einführung des göttlichen Gesetzes und Bestrafung aller Todsünden nach demselben, daß diese vier Artikel in die böhmische, deutsche, ungarische und lateinische Sprache übersetzt und verkündigt würden, und Procop will später geradezu dieselben zum gemeinsamen Programm der Gleichgesinnten aus allen Nationen erhoben wissen. Ziska wendet sich in seiner Kriegsordnung an die Gemeinden aller Länder und fordert zum Beitritte auf. Die Taboriten versäumten nicht ihren volkstümlichen Manifesten eine möglichst weite Verbreitung zu geben; selbst in Spanien, so wird uns berichtet, wurden ihre Aufrufe an alle Christen, Herren und Knechte, Reiche und Arme, sich nicht länger von den verderbten Pfaffen betrügen zu lassen, gelesen. Natürlich wurde zumeist das deutsche Nachbarland das Absatzgebiet für ihre Ketzerbriefe. Trotz der blutigen Kriege, die sie mit deutschen Ländern nicht zu ihrem Ruhme führten, riefen sie den Deutschen zu: „Wir wünschen, daß unter uns dieses Rauben, Morden und Blutvergießen aufhören und eine heilige und göttliche Einigung hergestellt würde." So lange freilich die Böhmen diese göttliche Einigung nicht einmal unter sich zu wege brachten, indem Taboriten und Utraquisten in wachsendem Haß sich entgegenstanden, konnte man kaum annehmen, daß andere Völker ihrer Einladung zur Verbrüderung Folge leisten würden, selbst abgesehen von ihren feindseligen Kriegszügen. Aber diese siegreichen Züge schadeten dem Hussitentum selbst am meisten, nicht blos, weil sie ihre Sache als eine entsetzliche „Büberei" erscheinen ließen, sondern auch weil durch sie der böhmischen Nation die Gelegenheit genommen wurde zu zeigen, inwieweit die Theorien Hus' sich praktisch verwenden ließen. Die Störung dieses ruhigen Prozesses fällt nun nicht lediglich den hussitischen Ideen als Schuld zu, so wenig als der mörderische Krieg. Denn es muß anerkannt werden, daß „damit

---

[1]) Bezold, z. Geschichte d. Hussitentums S. 111. 112.

der Anfang von den Katholiken und Deutschen in der entsetz=
lichsten Weise gemacht" wurde.[1]) Die Kurfürsten hielten es
für kriegsrechtlich erlaubt, 1421 dem Kreuzheere den Auftrag
zu geben, „daß man im Lande der Böhmen männiglich todt=
schlagen solle, ausgenommen die Kinder, die ihre Vernunft
nicht haben." Dieser Befehl wurde gewissenhaft vollführt.
Nach einem Bericht eines Augenzeugen, des Nürnberger Rats=
freundes, Peter Volckamer, meldet der Nürnberger Rat dem
von Ulm über die Einnahme der Stadt Maschau[2]) (4. September
1421) Folgendes: „Und darnach des Morgens fru lüd man die
Büchsen und wollt arbeiten. Do sie das auf dem Sloß (Schloß)
sehen, do ruften sie zustund um Frid, also griff man zu teidingen,
daß sie sich (er)geben. Der Hauptmann auf dem Sloß und acht
mit ihm blieben bei Leben und sein der Fürsten Gefangen(e),
die andern wurden jämmerlich zu todt geschlagen und verbrant,
der(en) waren an einem Sail 84. Ein Pfaff und drei fand man
danach im Haus, die wurf man über die Maur aus und wurden
auch verbrant. Item das Fußvolk, das da auslauft, was nicht
deutsch kann oder einem Böhmen gleich ist, das wurde gefangen,
zu todt geschlagen und verbrant." Wenn man ferner die grauen=
haften Thaten in Betracht zieht, welche von den Katholiken in
Kuttenberg, von dem österreichischen Herzog Albrecht, von den
deutschen Kreuzfahrern und den Ungarn an den Husiten verübt
wurden, wenn man ferner bedenkt, daß selbst im größten Sieges=
taumel die Taboriten die Weiber und Kinder verschonten, „den
Frauen nichts taten", wie ihnen sogar eine deutsche Chronik be=
zeugt,[3]) so muß man dem böhmischen Geschichtsschreiber Palaky
zustimmen, welcher behauptet, daß die Husiten sich in der Regel
menschlicher benommen hätten. Und selbst wenn der Fanatismus
und die Grausamkeit sich auf beiden Seiten die Wage hielt und
die Husiten ihren Gegnern hierin nichts nachgaben, wird man
das Urteil abgeben müssen, daß auch die „Büberei und das Un=
gefährdt" auf beiden Seiten gleich war. In diesem Falle hat
wie in so manchem andern die geschichtliche Würdigung nicht die

---

[1]) Bezold, z. Gesch. d Husitentums S. 102.
[2]) Deutsche Städtechroniken II, 38.
[3]) Bezold, a. a. O. S. 20. Thüring. Geschichtsquellen III, 666.

sogenannten Früchte, sondern die treibenden Ideen auf ihren Gehalt, ihre Wirkungsfähigkeit und Berechtigung zu prüfen.[1]

Hus benützte vor allem den Haß des cechischen Adels gegen das mächtig gewordene deutsche Bürgertum und seine ständigen Rechte in dem Wahn, daß dasselbe am meisten der gedeihlichen Entfaltung der cechischen Nationalität zu blühender Größe hinderlich im wege stehe. Das war sein erster Fehler; denn er verkannte damit die Verdienste, welche das Deutschtum sich um Böhmen erworben hatte. Nicht minder gewichtig erscheint der andere Fehlgriff, daß er bei seinen socialen Reformideen nur auf die Enteignung des kirchlichen Besitzes bedacht war und, um die Aristokratie für sich zu gewinnen, die Vorrechte des Adels in keiner Weise antastete. Auf dieser Grundlage aber konnte thatsächlich eine sociale Reform, welche eine Besserung der Lage der Landbevölkerung bezwecken mußte, nicht erreicht werden. Denn schließlich zog von einer solchen Umgestaltung der Dinge einzig der Adel Nutzen, während der Bauernstand leer ausging und nur seinen Herrn wechselte, ja sogar seine Lage verschlimmert sah, so daß er hinterher „tief und tiefer in den leibeignen Stand herabsank" und sich nicht einmal mehr des Schutzes der anfangs so gehaßten „deutschen Rechte" zu erfreuen hatte.[2] Die Keime hiezu lagen schon in den Doktrinen des Hus.

Wiclif[3], dem Hus auch in der Frage über das Eigentum folgte, hatte in seiner Schrift de dominio divino eine ideale Gesellschaftsordnung entworfen, die nach seinen eigenen Worten „in vielen Punkten unverträglich mit dem gegenwärtigen Stande der Gesellschaft" sei, zugleich aber darauf hingewiesen, daß er praktische Zwecke nicht im Auge habe, und vor einem Mißbrauch

---

[1] Wollte man z. B. von der Grausamkeit der gegen die Böhmen aufgebotenen Kreuzheere einen Schluß auf die christliche Lehre und kirchliche Moral ziehen, so müßte das Urteil vielleicht gerade so über die Kreuzfahrer lauten, wie es Sigmund Meisterlin über die Husiten in seiner Chronik (deutsche Städtechroniken III, 177) ausspricht: „Also großen freien Mutwillen triben die verlornen teuflischen Kint."

[2] Bezold a. a. O. S. 94.

[3] Buddensieg, Wiclif S. 141 f. Lechler, Johann von Wiclif 2c. I, 597 f.

seiner Sätze nachdrücklich gewarnt. „Aller Besitz beruht allein, sagt er, auf Gnade"[1]. Gott allein sei die Quelle jeden Gutes und er, nicht Kaiser oder Papst teile den Besitz unter seine Gehorsamen aus. Der ungehorsame Todsünder verliert sein Besitzrecht, welches allein in der evangelischen Gerechtigkeit oder Rechtbeschaffenheit (justitia) seinen Grund habe. Ist aber Gott der Herr aller Dinge, so ist das menschliche Besitzrecht keine Herrschaft (dominium), die Gott allein zusteht, sondern nur ein anvertrautes Lehen (ministerium), dessen Verlust durch die Tod= sünde bei Jedem, sei er wer er sei, auch beim Papste, herbeigeführt werde. Wer ist nun berechtigt, dem ungehorsamen Lehensmann sein Eigenthum zu nehmen? Wiclif gesteht dies keineswegs dem Einzelnen zu, sondern die staatlichen Gewalten: König, Par= lament, Synoden und Koncilien haben darüber zu wachen, daß das Lehen nicht in eine Herrschaft, das Ministerium nicht in ein Dominium verwandelt werde. Die Königsgewalt ist ebenso göttlich und heilig, wie die päpstliche und steht über ihr in den weltlichen Dingen: sie hat darüber zu wachen, daß das der Kirche durch fromme Stiftungen anvertraute Gut zum Besten der Kirche und Gemeinde verwendet werde[2]. Wiclif verheimlicht hiebei nicht, daß ihm als das wahre Ideal eines „evangelischen Staatswesens" (politia evangelica) die Gütergemeinschaft vor= schwebe mit Ausschluß jedes Sondereigens — respublica habens omnia in communi —; denn die Reichen versäumen trotz der göttlichen Vorschriften ihre Pflichten gegen die Armen. „Christus heißt alle, die es vermögen, arme hungrige Menschen speisen;

---

[1] Dominion is founded alone in grace.

[2] Wie Janssen die Dinge nach seinem Sinn zu drehen versteht, beweist er II, 394 A. 1, wo er Wiclifs Theorieen bespricht. Nach ihm lehrt W., weltliche Herren seien nicht blos berechtigt, sondern verpflichtet der Kirche, wenn diese beharrlich fehle (soll das Todsünde wiedergeben?), ihre Güter zu nehmen, Klöster aufzuheben und das Klostergut einzuziehen. Auch seien sie d. h. die weltlichen Herren befugt, Geistliche, welche der Religion Christi sich entfremdet haben, ihres Amtes zu entsetzen. J. verschleiert hier 1) daß Wiclif von einem Einschreiten gegen die Geistlichen nur im Fall einer Todsünde spricht und 2) daß es sich nicht um beliebige „weltliche Herren" beim Einzug des Kirchengutes, sondern um die gottgesetzten Autoritäten (König und Parlament) und um ein geordnetes Verfahren (Synoden) handelt.

der Feind aber und die Seinigen lehren köstliche Feste anstellen....
und die Armen vor Hunger und Elend verderben lassen". Hus
stellt sich auf denselben Boden der Begründung seiner socialen
Anschauungen wie Wiclif, die ihm freilich nicht blos theoretische
Untersuchungen sein sollen. Auch Hus geht von der Todsünde
aus; durch sie verliert sein geistliches Amt und seinen weltlichen
Besitz, wer es auch sei, denn „seine weltliche oder geistliche Herr=
schaft, sein Amt und seine Würde wird von Gott nicht gebilligt".
Diejenigen „welche ihren Besitz gegen göttliches Gebot verwalten
und gebrauchen, haben kein Recht an diesem Besitz"; „der Besitz
irgend eines Gutes von seiten eines Ungerechten und Gottlosen
(ist) ein Diebstahl und ein Raub". Hus erörtert nun nicht
etwa blos theoretisch, was sich gegen das Kirchengut vorbringen
lasse, sondern er weist auf die Verhältnisse in Böhmen hin und
schuldigt den Klerus an, die Verarmung des Landes durch seinen
großen Besitz herbeigeführt zu haben. Der Klerus, sagt er,
„hat jetzt schon den vierten oder gar den dritten Teil aller
Einkünfte des Königreiches inne und die Gefahr liegt nahe, daß
der sämtliche Besitz sich in Kirchengut umwandle, weil das
keiner Erbteilung unterworfene Vermögen des Klerus von Tag
zu Tag wachsen muß, während das der Weltlichen abnimmt".
Die Ueberhandnahme des kirchlichen Besitzes ruinirt aber auch
den Adel moralisch, „indem die weltlichen Herren verarmen und
gezwungen werden zu Diebstahl, Raub und Bedrückung ihrer
Unterthanen"[1]. Brachte es Hus durch diese Darstellung fertig,
auch den Adel als schwer geschädigt hinzustellen und seine Be=
gierde nach dem Kirchengut zu reizen, so mußte der gemeine
Mann darin erst recht ein Grundübel und die Quelle aller
seiner Leiden erblicken. Eine recht drastische Aeußerung der
Taboriten über die Schädlichkeit des kirchlichen Besitzes[2] darf
deshalb hier nicht unterdrückt werden, obwol sie erst einem Mani=
fest aus dem Jahre 1431 entstammt: „Die Priester thun wie
die Hunde; so lange diese den Knochen im Maul haben und
benagen, sind sie still und können nicht bellen; die Könige, Fürsten

---

[1] Zöllner a. a. O. 30.

[2] Aus Monum. concil. gener. saec. XV. I, 161 bei Bezold S. 17.

Vogt, Vorgesch. d. Bauernkrieges.   5

Herren und Städte würden daher ein großes Werk der Barm=
herzigkeit thun, wenn sie ihnen den Knochen aus dem Schlunde
zögen, mögen sie auch darüber zornig werden, wie die Hunde
knurren, wenn man ihnen den Knochen nehmen will". Indem
Hus die allgemeinen Sätze Wiclifs verläßt und die Gedanken
ausschließlich auf die Geistlichkeit richtet, hat er auch die Besserung
derselben im Auge gehabt, da sie dann weniger Anlaß zu Stolz,
Uebermut und Ueppigkeit habe. Allein er benahm seinem System
dadurch die Consequenz und, vom sittlichen Standpunkt aus
betrachtet, auch die Gerechtigkeit: die geistlichen trieben es zum
mindesten nicht ärger als die weltlichen Herren, eine Reform
der mittelalterlichen Gesellschaftsordnung mußte die beiden pri=
vilegirten Stände zugleich treffen, nicht einen allein. Die In=
consequenz der Doctrinen Hus' trat auch darin zu Tag, daß er
nicht mit Klarheit aussprach, wem das Urteil über die durch
Todsünde ihres Besitzrechtes verlustig gewordenen zufalle. Wiclif
wies ganz folgerichtig die Entscheidung über diese den weltlichen
Besitzstand betreffenden Fragen der weltlichen Gewalt, dem König
und Parlamente zu; Hus, auf der einen Seite durch die Aus=
nahmsstellung gebunden, welche er dem Adel eingeräumt hatte,
fand auf der andern keinen deckenden Begriff, keine entsprechende
Autorität. So sah er sich gedrängt gleichsam die seiner Lehre
innewohnende Unklarheit selbst einzugestehen, indem er den Richter=
spruch „dem gläubigen Volk" zuwies. Dieses „auserwählte Volk
Gottes" faßte seine Aufgabe aber bald als „Krieg gegen die
Philister". „Der Tag der Rache, von Gott gesendet, sei endlich
gekommen". „Verflucht ist jeder Gläubige, der sein Schwert
vom Blute der Widersacher Christi fern hält, er muß vielmehr
seine Hände in ihrem Blute baden und heiligen"[1]). Es mochte
Hus eine Art theokratischen Staates vorschweben, jedoch ließ er es
selbst an dem Versuche fehlen diesem Gedanken eine klare Gestalt
zu geben. Eine weite Kluft, die kaum zu überbrücken war, zog
sich durch seine Lehre hindurch. Eine radikale und eine gemäßigte
Partei bildeten sich notwendigerweise von Anfang an. Jene,
die Taboriten genannt, suchte im demokratischen Geiste nach einer

---

[1]) Janssen II, 394.

Neuordnung der Dinge, tastete unsicher und ohne bestimmtes Ziel in allen möglichen Projekten, selbst in der Aufrichtung einer völlig communistischen Gesellschaft umher und artete in ihren extremen Elementen bis zu den Greueln der Adamiten aus: die gemäßigte Partei aber brachte es nur zu einigen notdürftigen kirchlichen Reformen. Die Verdrängung des Deutschtums aus Böhmen und die Einziehung des Kirchengutes ausgenommen, haben die beiden Parteien nichts Gemeinsames durchsetzen können. Als schließlich die Revolution ihre eigenen Kinder verzehrte, blieb sonst von ihr nichts wesentliches übrig. Der alte trostlose Zustand kehrte verstärkt wieder zurück. Die bäuerische Bevölkerung, welcher Hus hatte helfen wollen, verfiel einem noch traurigeren Loos wie vorher. Die Leibeigenschaft wurde härter und drückender und der Adel rücksichtsloser als je zuvor. Am Ende des 15. Jahrhunderts entwirft ein böhmischer Schriftsteller[1]) folgendes düstere Bild von der Lage des Landvolks: „Aus der Bedrückung mit Robot, einem früher in Böhmen unerhörten Unrecht, entsteht großes Uebel, so daß die Menschen, die solche neue unbarmherzige Lasten nicht ertragen können, ihre Habe verlassen, von ihren Gründen fliehen und nach der Flucht dem Morde, der Brandstiftung und andern Verbrechen sich ergeben, das Land dadurch verödet und Teurung und Hungersnot entstehen, Diebstähle und Mord sich mehren". Andere greifen, sagt er, zu den Waffen, und schon sei es vorgekommen, daß ein Herr von seinen Bauern erschlagen worden sei. An dem Dualismus einerseits, der die socialen Lehren Hus' zerklüftete, und an der Störung durch Kriege andererseits scheiterte das Husitentum. Wissenschaftlich angesehen sind die Lehren des Hus gegenüber denen seines englischen Vorgängers eher ein Rückschritt zu nennen als das Gegenteil. Die Instanz, welche Wiclif für die Reform sich denkt, muß in Böhmen einem so verwirrten Begriffe, wie „das Volk Gottes", Platz machen. Die Unklarheiten seiner Theorie, ihr Mangel an Consequenz konnten nicht etwa bei der Ausführung gebessert oder gehoben werden: sie erschwerten von vorneherein

---

[1]) Cornelius Victorin von Vsehrd bei Chlumecky: Carl von Zierotin und seine Zeit. S. 39 A. 2. Zöllner a. a. O. S. 63.

die Reform. Sollte irgendwo die mittelalterliche Gesellschafts=
ordnung verändert werden, so war dies mit nichten auf Grund
der husitischen Ideen möglich, die selbst einer starken Läuterung
und Klärung bedurften.

Dennoch verschwand, was in Böhmen gesagt und geschehen
war, nicht ohne Wirkung von der Bildfläche. Das Schicksal
Hus' und die Husitenkriege hatten die Welt zu sehr in Mitleiden=
schaft gesetzt, als daß man achtlos daran hätte vorübergehen
können. War auch der sociale Reformversuch mißglückt, so
konnte man doch demselben seine Berechtigung nicht abstreiten.
Und weil auch in Deutschland dem Bauernstande sein Loos
immer unerträglicher vorkam, weil auch hier die sociale Frage
immer brennender wurde und eine Lösung heischte, deshalb drang
das „böhmische Gift" ohne Zweifel auf vielen Wegen in den
Körper der deutschen Gesellschaft ein. Männer wie der sächsische Geist=
liche Johann Drändorf und Peter Turnau in Speyer verbreiteten
nachweislich die husitischen Lehren in Deutschland[1]. Es gab
genug begierige Ohren und empfängliche Herzen, und zwar nicht
allein unter dem Bauernvolke, für das, was aus Böhmen ge=
meldet wurde. Die klingenberger Chronik[2] läßt sich darüber
folgendermaßen aus: „Also wurden nun die Böhmen als stark
und als mächtig und ward ihr Uebermut als groß, daß man
sie allenthalben fürchtete und alle frommen Leute sich entsetzten,
daß die Büberei und das Ungefährt in andern Landen auch
aufstände und die Frommen und die Gerechten und die Reichen
drückten. Denn es war ein Lauf für arme üppige Leute, die
nicht arbeiten mochten und doch hoffärtig, üppig und öd waren;
denn man fand viel Leute in allen Landen, die als grob und
schnöd waren und den Böhmen ihrer Ketzerei und ihres Un=
glaubens gestunden, so sie glimpflichst konnten; und wo sie das
nicht öffentlich zu thun wagten, da thaten sie es heimlich, denn
sie mußten die Frommen und Gerechten fast darin scheuen. Also
hatten die Böhmen viel grober Leute, die ihre heimlichen Gönner

---

[1] Theolog. Studien u. Kritiken, Jahrgg. 1869. S. 133. Ulmann,
d. Ref. vor d. Reform. I, 311. Haupt a. a. O. S. 32.

[2] Henne von Saargans S. 198., vergl. Bezold in der Sybel'schen
Zeitschrift S. 16.

waren. — Wie man denn in denselben Zeiten fast geneigt war
wider die Pfaffen und es das gemeine Volk desto lieber hörte,
hatten sie die Pfaffen zu Wort und wie jedermann mit den
andern teilen sollte sein Gut; was auch viel schnöben Leuten
wohl gefallen hätte und auch wohl gekommen wäre. Also regte
sich der alte Haß, den die Bauern und die Pfaffen zu einander
haben". Die husitischen Lehren fielen eben gerade in Deutschland
deshalb auf einen wohl vorbereiteten Boden, weil dort seit langen
Jahren im Stillen das Waldensertum weite Gebiete ergriffen
und die verschiedensten Formen der Ketzerei und Sekten groß
gezogen hatte. „Was unmeßlicher Bosheit, Schalckheit, Büberei —
sagt ein Bericht des 15. Jahrhunderts[1]) — die Beckgart(en) und
Lollhart(en) treiben und die Winkelprediger vor dem Behamer
Wald, will ich zu diesem Mal nit von schreiben, denn es bedorft
(bedürfte, wäre nötig) meh(r) zu schreiben, denn ein Biblia inhält.
Und der Verkehrer und Winkelprediger seint (sind) fast viel vor
dem Behamer Walde besonders umb Eger und in der Vogt
Lande". „Desgleichen zu Ulme und voraus in dem Schwartz=
wald und Wirtenbergischem Lande seint über die Maßen viel
Lollhart, Beckhart und Begein, von denen man viel Uebels sagt
mit Unkeuschheit und ander Büberei zu vollbringen". Im Jahre
1446 verbreitete ein gewaltiger Volksredner, Friedrich Müller,
in Neustadt an der Aisch, in Windsheim und Rothenburg, und
in der Markgrafschaft Ansbach husitische Lehren mit solchem
Erfolge, daß ihm viele Leute zufielen. Als der Bischof von
Würzburg gegen ihn einschritt, mußte der Prediger sich flüchten;
130 seiner Anhänger wurden nach Würzburg gebracht und dort
zum Widerrufe gezwungen[2]). Solche Bestrafungen einzelner nütz=
ten wenig; denn der Verkehr zwischen Böhmen und Deutschland
war so rege, daß man allen Verbreitern husitischer Anschauungen
nicht auf die Spur kommen konnte. Besonders wurden die
böhmischen Soldknechte „Bettler und Buben", welche in den
zahlreichen Fehden und Kriegen jener Zeit sich von deutschen

---

[1]) Quellen zur bayer. und deutschen Geschichte II, 109. 111, zu vergl.
Haupt die religiösen Sekten in Franken vor der Reformation.

[2]) Hagen, Deutschland's lit. u. religiöse Verhältnisse im Reform.
ztalter I, 169.

Herren anwerben ließen, die Apostel ihres heimatlichen Evan=
geliums, die Verkündiger des göttlichen Rechts und Ge=
setzes[1]). Es war ihnen nicht schwer gemacht sich Zuhörer zu
verschaffen. Ein pessimistischer Zug hielt alle Gemüter gefangen.
Der Empfindung von der Unhaltbarkeit der Zustände und einer
bevorstehenden Katastrophe begegnet man überall und in den
verschiedensten Formen der Aeußerung. Nikolaus von Cues
spricht sie unverholen aus; das Reich erliege, sagt er, der Selbst=
sucht der Fürsten, die Unterthanen seien mit Lasten überbürdet,
der Arme finde nirgends sein Recht. „Wie die Fürsten das
Reich verschlingen, so verschlingt einst das Volk die Fürsten".
Aehnliche Prophezeiungen gingen in großer Anzahl im Schwange:
Furcht, Erbitterung und Trauer schufen sie. Man sagte und
glaubte, daß der Kaiser Friedrich kommen, dem Regiment der
„Pfaffen" ein Ende machen und dem armen Manne Beistand
thun werde. „Man meint wohl, daß vor dem jüngsten Tage
ein mächtiger Kaiser der Christenheit werden solle, der Frieden
machen werde unter den Fürsten, der werde eine Meerfahrt
machen und das heilige Grab gewinnen. Man nenne ihn Friedrich
um des Friedens willen, den er macht, ob er gleich nicht also
getauft ist". Es geschahen Zeichen und Wunder, die allgemein
geglaubt wurden, von den Gebildeten wie den Ungebildeten.
Besonders verkündeten die Sterne Unheil und Verderben. Ihre
Stellung hatte ja nach der Astrologie entscheidenden Einfluß auf
die menschlichen Geschicke. In Amberg predigte 1439 ein Geist=
licher, daß jetzt der Planet Luna herrsche und in Folge dessen
große Veränderungen eintreten würden; der furchtbare, pfaffen=
feindliche Kaiser Friedrich werde erscheinen und die Dinge der
Welt vollständig umändern: eine Erwartung, die schon 1348
allgemein gehegt wurde[2]). Friedrich, hoffte man schon damals,

---

[1]) Die Böhmen und Stradioten (Albanesen) galten als besonders
brauchbares Kriegsvolk. „Ist ein gut Volk auf die Bauern, — schreibt im
Bauernkrieg der bayrische Kanzler Dr. L. v. Eck seinem Herzog — denn
wollte sich eine Empörung im Fürstentum erheben, ist mit Niemand besser,
denn mit fremden Leuten, als Stradioten und Böhmen zu stillen". Vogt
bayr. Politik S. 396.
   [2]) Haupt a. a. O. S. 15.

werde wieder den deutschen Thron besteigen, er werde die Tochter des Armen dem Reichen und die reiche dem Armen geben, er werde Nonnen und Mönche verheiraten, Wittwen, Waisen und Beraubten ihr Gut zurückgeben und allen Menschen zu ihrem Rechte verhelfen. Die Kleriker aber werde er verfolgen. Alle möglichen Gattungen von Schriften, — denn bald zeigte sich die Wirkung der neuen deutschen Kunst, des Bücherdrucks, — trugen derartige Vorherverkündigungen unter das Volk: astrologische Büchlein, Prognostiken, Praktiken und Ephemeriden mit ihrem Wetterkalneder.

Da erschien 1476 zum ersten Male eine Schrift im Drucke, die bereits 1438 verfaßt war und deren Inhalt ihr Verfasser auf seinen Wanderzügen durch die deutschen Lande schon mündlich verbreitet hatte. Sie darf als die hauptsächlichste Trägerin und Vermittlerin des husitischen Geistes in Deutschland angesehen werden; man hat sie nicht mit Unrecht die Trompete des Bauernkrieges genannt. Wegen ihrer Bedeutung und Wirkung ist ihr besondere Aufmerksamkeit zu schenken. Nachgewiesenermaßen wurde „Friedrich Reiser's Reformation des Kaisers Sigmund"[1]), so ist die Schrift am besten zu betiteln, im Druck aufgelegt 1476, 1480, 1484, 1490, 1497 und vielfach noch im ersten Viertel des 16. Jahrhunderts. An jenen Volksglauben von der Ankunft eines friedenstiftenden Kaisers knüpfte der Verfasser seine Schrift an; Sigmund ist der erwartete Erneurer des geistlichen und weltlichen Standes und die Schrift „Reformation" sein Programm.. Nichts bezeugt die gesamte Stimmung der Zeit mehr, als daß man an der Echtheit der Reformation Sigmunds nicht den mindesten Zweifel hegte und daß dieselbe auch im sechzehnten Jahrhundert, den bekannten Cochläus abgerechnet, keinerlei Anfechtung erlitt, obwohl doch schon Trithemius an ihr aussetzte, daß sie eines Husiten würdiger sei, als eines

---

[1]) Böhm W., F. R. Reform. d. K. Sigmund. Die Autorschaft Reiser's wird entgegen der Ansicht Böhm's in der Jenaer Litteratur-Zeitung 1876, S. 792 stark in Zweifel gezogen. Ich kann mich bis jetzt nicht davon überzeugen, daß Böhm's Meinung unhaltbar sei; behalte mir aber eine eingehende Besprechung der Sache an einem andern Orte vor. Auch Haupt a. a. O. S. 44 nennt einfach Reiser den Verfasser der Schrift.

Christen; gegen die Geistlichkeit herrsche kein aufrichtiger Sinn
darin; sie empfehle mehr, was dazu diene, die Kirche und den
gesamten Klerus zu vertilgen, als sie zu reformieren. Zweifellos
legte sie das Messer schonungslos an, die Schäden der Kirche
auszuschneiden; aber sie begnügte sich damit nicht. Auch was
am weltlichen Stand d. h. an der Gesamtheit der Stände vom
obersten bis zum untersten herab mangelhaft ist, muß gebessert
werden: nicht mit kleinen Mittelchen, sondern mit radikalen Heil-
mitteln, welche die Uebel bei ihrer Wurzel angreifen. Was
Concilien und Reichstage nicht zu wege gebracht haben, das
bringt die „Reformation" zu stande mit einem Schlag. Es
kann nicht bestritten werden, daß sie von taboritischen Lehr-
meinungen, hauptsächlich soweit es sich um das sociale und
politische Gebiet handelt, ihren Ausgangspunkt nimmt, während
sie in kirchlichen Dingen sich vom böhmischen Radikalismus frei
erhält; aber sie wahrt sich ihre Selbständigkeit doch überall, auch
der Kirche und dem Klerus gegenüber. Die ganze Schrift zeugt
von vertrauter Kenntnis der bestehenden Verhältnisse; ihr Verfasser ist ein erfahrener Mann, den das Leben viel umgetrieben
hat: er weiß, wie es steht und was er will. Schon daß er
eine durchgreifende Scheidung zwischen Geistlichem und Weltlichem
verlangt, legt einen unanfechtbaren Beweis von seiner Einsicht ab. Friedrich Reiser, der Verfasser dieser Schrift, war
ein geborener Schwabe. Sein Vater gehörte sicherlich zu der
im südlichen Deutschland weit verbreiteten Sekte der „Winkeler",
d. i. der deutschen Waldenser, mit deren Lehren er seinen
Sohn, als er siebzehn Jahre alt war, bekannt machte und ihn
zum Verbreiter derselben bestimmte. Aeußerlich ergriff er den
Beruf eines Kaufmanns in einem Nürnberger Haus, wo er
mit dem bekannten Prager Magister Peter Payne, der „schon
damals die Herstellung einer Union zwischen den Husiten und
deutschen Waldensern eifrig betrieb", zusammentraf und von ihm
als Lehrer durch den Genuß des Abendmahls förmlich geweiht
wurde. Von nun an trieb er sein doppeltes Geschäft als Kauf-
mann und Lehrer in der Schweiz und verschiedenen Gegenden
Deutschlands, bis er im Jahre 1430 einen Gesinnungsgenossen,
Johannes von Plauen, suchend, der in böhmische Gefangenschaft

geraten war, von den Husiten selbst gefangen genommen wurde.
Während seines Aufenthaltes in Böhmen wurde er zum Priester
geweiht und folgte im Jahre 1433 den Gesandten der Husiten
zum Concil nach Basel. Nach Böhmen zurückgekehrt fand er
einen Wirkungskreis in dem Städtchen Landscron; er habe, sagt
er, „den Leuten das Sakrament geben und die Hostien gesegnet
nach seiner Gewonheit und er sei mehr denn ein Jahr da
gewesen". Abermals begab er sich dann zu längerem Aufenthalte
nach Basel, zog dann nach Straßburg durch Schwaben, nach
Franken, überall bestrebt sich mit seinen Gesinnungsgenossen ins
Benehmen zu setzen, die kleinen Häuflein derselben zu Gemeinden
zu sammeln und sie in Verbindung mit der taboritischen Kirche
in Böhmen zu bringen. Er war auf seinen Wanderzügen zu
der festen Ueberzeugung gekommen, daß nur durch eine solche
Vereinigung das deutsche Waldensertum zu gedeihlicher Blüte
sich entfalten könne. Es wird daher wohl auch seiner Anregung
zuzuschreiben sein, daß in Tabor die Aufstellung einer Anzahl
von Wander= oder Reiseprediger beschlossen wurde, über die
vier Bischöfe die Aufsicht führen sollten. Ihm selbst wurde die
oberste Leitung der waldensischen Kirche anvertraut; er führte
deshalb den Titel: Friedrich, von Gottes Gnaden Bischof
der Gläubigen in der römischen Kirche, welche die Schenkung
Constantins verwerfen[1]). Seine Organisationsentwürfe in dieser
Hinsicht führten trotz seiner unermüdlichen Thätigkeit aus verschiedenen Ursachen zu keinem günstigen Resultat. Im Jahre
1457 fiel er den Ketzerrichtern zu Straßburg in die Hände, die
ihn grausam processierten und zuletzt verbrannten. Im wesent=
lichen enthält wohl seine Schrift die Lehren, welche er als Wander=
prediger auf seinen Reisen mündlich ausgebreitet hatte; so wurde
der Inhalt derselben nicht erst bekannt, als sie durch den Druck
veröffentlicht wurde, ein Umstand, der nicht übersehen werden
darf. Ihre Wirkung aber beruht vor Allem darin, daß eine
Reform des Verhältnisses zwischen Staat und Kirche in keiner
andern Richtung denkbar erschien, als sie Reiser verlangte, und
daß gerade Kaiser Sigmund ähnliche Reformpläne gehegt hat[2]).

---

[1]) Haupt a. o. O. S. 46.
[2]) Böhm a. a. O. S. 113.

Der Name des Kaisers, unbedenklich als authentisch hingenommen, verlieh dem Schriftstück ein außerordentliches Gewicht und benahm demselben den Makel taboritischer Ketzerei: das erste, weil die Reform auf unmittelbare göttliche Eingebung und Erweckung hin erfolgte, denn im Traum hatte Sigmund eine Stimme vernommen, die zu ihm sprach: „Sigmund, stand (steh') auf, bekenn' Gott, bereit' einen Weg der göttlichen Ordnung"; das zweite aber, weil sich die „Reformation" von jedem Uebergriff auf das kirch= liche Lehrgebiet vollständig frei hielt. An allen Stellen, wo die „Reformation" ansetzte, waren es thatsächliche Verhältnisse, welche dringend einer Verbesserung bedurften. Es wurden nicht neue Fragen aufgeworfen, sondern längst gestellte beantwortet, Fragen, welche auch der gemeine Mann bestens kannte. Er mußte dazu diese „Reformation" um so leichter verstehen, als sie durchweg volkstümlich geschrieben war.

Es kann nun nicht unsere Aufgabe sein den gesamten Inhalt der umfangreichen Schrift zu skizzieren; dagegen haben wir den Geist derselben zu zeichnen und diejenigen Partien namentlich hervorzuheben, welche sich auf die sociale Frage beziehen. Der Verfasser geht von dem Grundgedanken aus, daß eine neue Ordnung unabweisbar notwendig ist. „Gehorsamkeit ist todt; Gerechtigkeit leidet Not; nichts stat (steht) in seiner rechten Ordnung". „Man soll wissen, daß es nit mehr wohl gehen mag, man habe denn eine rechte Ordnung des geistlichen und weltlichen Standes". „Die Häupter sind alle in die Gruben gefallen mit dem Unrecht". „Das Haupt ist zu krank, die geist= lichen und weltlichen Häupter lassen fallen, was ihnen von Gott empfohlen ist". Dem Kaiser haben die Fürsten die Macht genommen, so daß er nichts auszurichten vermag; alle Hoffnung steht daher auf dem Bürgertum, auf „den Reichsstädten: wann die schliefen und nit wacheten, so wär die Christenheit Gottes und aller seiner Gnaden entfremdet". Die Reichsstädte werden sich dieser hohen Pflicht nicht entziehen; aber wenn dies der Fall sein sollte, wenn sie die Gebrechen in ihrer eigenen Mitte nicht abschaffen, die Vorrechte Einzelner nicht aufheben werden, so muß sich die Gemeine ins Mittel schlagen. „Ich mein wohl, wollten Herren und Reichsstädt nicht darzu thun, man fände getreu Christen in der Gemeine". „Wenn die Großen schlafen, so müssen die Kleinen wachen, daß es doch je gehen muß". „Greif es mit der Gemein an, und kecklich ohn' alles Ablan (Ablassen, Unterlassen)".

Die Notwendigkeit der neuen Ordnung bedingt auch die rücksichtslose Einführung derselben, wer sich ihr widersetzt, wird ohne Schonung gerichtet. Solche Strenge ist ein verdienstliches Werk. „Es soll auch ein jeglicher Fürst oder Herr, Land oder Stadt diese Ordnung ... lassen abschreiben umb das, daß die Presten (Gebrechen) verhütet mögen werden, ob Jemand ungehorsam wäre. Wo sich das fände, es wäre an geistlichem oder an weltlichem Stand oder an weltlichen Häuptern, so soll sein Leib männiglich empfohlen sein und sein Gut anzugreifen und abzunehmen von der Welt. Denn die Ungehorsamen sind Gott nit nutz. Sind sie aber geistliche Häupter, so soll man sie aber berauben ihrer Pfründen, und umb die Aempter kommen sein, es seien auch Bischof, Doctores oder Priester. Sind es Klöster, so soll man sie zerstören ganz und gar". „Da dienet man auch Gott an (damit), daß man sie vertreibt und abthut".

Nach dem Grundsatze: „Es soll sich lauter in allweg scheiden das geistlich und weltlich", wird der gesamte geistliche Stand vom Papst bis zum Gemeindegeistlichen herab reformirt und zwar so, daß die weltliche Herrschaft des Klerus durchweg aufgehoben, derselbe mit einem festen Gehalt bedacht und auf die strenge Ausübung des geistlichen Berufs angewiesen wird. „Man soll auch wissen, daß es notturftig ist von den Bischöfen und Aebten und den geistlichen Häuptern, daß sie kein Schloß, Feste noch Städt, Zwing (Gebiet) noch Bann nicht haben sollen noch recht ist. Sie sollen alle stehen und fallen auf einen römischen König zu dem Reich; der soll sie zu Lehen machen Herren, Rittern und Knechten und Reichsstädten, daß sie dem Reich beiständig seien". „Die Bischof dürfen keine Steuer mehr nehmen, sie dürfen nit mehr kriegen mit keinem; die Lehen von ihnen gehabt haben, sollen nun dem Reich mit ihrem Lehen gehorsam sein; Bischof sollen Gott dienen". Der Verfasser tritt im weiteren durchgehends für eine ernste Auffassung des geistlichen Amtes und für wahrhaft christliches Leben des Klerus ein.

Den Orden ist er im Ganzen wenig günstig gesinnt. Am liebsten
sähe er ihre Abschaffung: „man thu sie gleich ab, das ist nit
wider Gott". Je tiefer er das geistliche Amt aufgefaßt wissen
will, um so mehr sucht er die Geistlichkeit von Allem, was welt=
lich heißt, zu trennen. Müßiggang und sinnlicher Genuß sind
ihm ein Greuel, sie schicken sich für den Geistlichen nicht. Im
Dienste Gottes und seines Amtes soll jeder seine Kräfte brauchen.
Das ihm anvertraute Amt soll jeder selbst verwalten. Die
Pfründenhäufung ist durchaus verboten. Ordenskleriker sollen
weder Bischöfe noch Päpste werden können. Die simonistische
Aemtervergebung ist eine grobe Sünde; sie führt unfähige und
schädliche Menschen ins geistliche Amt: „die haben nun das
Evangeli nit können predigen, noch die Sakrament der Kirchen
beschicken noch beordnen. Darumb ist an viel Stätten ketzerlicher
Glaub aufgestanden". „O ihr edlen Christen, gedenket dies für=
zusehen, daß man Niemand mehr laß denn eine Pfründe, und
daß auch die verdienet werd". Bis ins Einzelnste verfolgt
die „Reformation" die Pflichten des Klerus. Ausschließlich
auf das rein Geistliche und Kirchliche wird er verwiesen.
Dagegen spricht die „Reformation" den eigentlichen Besitz ir=
dischen Gutes lediglich dem weltlichen Stand, den Nichtklerikern
zu. Sie allein sollen erwerben und besitzen. Die Form auch
dieser Gesellschaftsordnung ist das Lehenssystem. Vom Kaiser
geht die Uebertragung der Lehen aus; es bleiben Grafen, Ritter,
Reichsstände und Unterthanen bestehen; ob auch die Fürsten,
darüber ist eigentlich nichts gesagt. Aber an dem Lehenssystem
soll alles Mißbräuchliche und Maßlose beseitigt, in erster Linie
die Leibeigenschaft, aufgehoben werden. Die Freiheit für Jeder=
mann ist das Grundprinzip. „Es ist eine ungehörte Sach,
daß man es in der heiligen Christenheit öffnen (offenbaren)
muß das große Unrecht, so gar fürgeht, daß einer so geherzt ist
vor Gott, daß er gedar (wagt) sprechen zu Einem: Du bist mein
eigen. Denn gedenkt man, daß unser Herr Gott so schwerlich
mit seinem Tod und seinen Wunden um unsertwillen williglich
gelitten hat umb das, daß er uns freiet und von allen Banden
löset und hierinnen Niemand füro(hin) erhebt (erhöhet) ist einer
für den andern, denn wir in gleichem Stand (sind) in der

Erlösung und Freiheit, er sei edel oder unedel, reich oder arm, groß oder klein. Wer getauft ist und glaubt, die sind in (zu) Christo Jesu Glieder gezählt. Darum wisse Jedermann, wer der ist, der seinen Mitchristen eigen spricht, daß der nit Christi ist und ist Christi wider und sind alle Gebot Gottes an ihm verloren". Daß auch Klöster eigene Leute genommen haben, muß ihnen als eine besonders große Sünde angerechnet werden und ist nicht länger zu dulden. Den Adeligen, welcher seinen Leibeignen die Freiheit nicht wiedergeben will, soll man „abnehmen und ganz abthun; ist es aber ein Kloster, das nicht ganz absteht, so soll man es ganz und gar zerstören; das ist göttlich Werk". „Man soll es nit mehr vertragen noch leiden an Niemand weder an Geistlichen noch an Weltlichen. Lasset uns unsers Frommen wahrnehmen und unser großen Freiheit leben". Auch die übermäßige Belastung des Bodens mit Zinsen ist eine Sünde. Alles, was der Bauersmann mit seinem Vieh bebaut, ist mit Zinsen überladen. Wunne, Weide und Holz sind verbannet"[1]). „Man soll aber wissen, daß man weder Holz noch Feld in keinen Bann legen soll". „Item man verbannt auch die Wasser, die ihren Gang müssen haben, die allen Ländern dienen, und es Niemand wenden mag noch kann, als es Gott geordnet hat. Die sollen nun freistehen". Es ist notwendig, daß die Bauern von diesen Lasten befreit werden; denn, man lebt doch ihrer Arbeit. Denn ohne sie mag Niemand bestehen". „Aber, es ist leider dazu kommen, mocht (vermöchte) man das ganz Erdreich zwingen und die Wasser, man zwänge sie. Nun sehen wir wohl, wie es Gott geordnet hat, das hält man nit, und sind dawider. Es sollten schier unvernünftig Tiere über uns schreien und rufen: frommen und getreuen Christen, lasset euch zu Herzen gehen alles groß Unrecht, während es an der Zeit ist, ehe daß es Gott schwerlich räche".

Wie mit den Zinsen, steht es auch mit den Zöllen. Man weiß, „daß alle Lande schwerlich übersetzet sind mit Zöllen. In

---

[1]) d. h. der freie allgemeine Gebrauch ist ausgeschlossen, die Benutzung nur gegen Vergütung gestattet.

jeglicher Stätten (an j. Ort) ist schier ein Zoll". Die Zölle sind die berechtigten Abgaben für Weg und Brückenbau; alles andere ist Unrecht und Mißbrauch, „ist Wucher". „Nun nehmen Geistlich und Weltlich unmäßig Zoll wider Gott dennoch freventlich". Wer Zoll einnimmt ohne zum angegebenen Zwecke, ist „ein offener Sünder und Wucherer". Zwei Drittel davon soll man abthun; es genügt ein Drittel. Will ihn dennoch ein Herr mit Gewalt erzwingen, „so mag ihn jedermann angreifen und (soll ihm) erlaubt sein das seine"; den Geistlichen aber soll man das Zollrecht überhaupt nehmen und der nächstgelegenen Reichsstadt geben „an des Reiches Statt, denn all Zoll soll das Reich versorgen", auch die Herren haben ihn nur vom Reich „lehenweiß".

Mit den Privilegien sucht die Reformation überhaupt möglichst aufzuräumen. Sie sind meistenteils dem Gemeinwohl nicht zuträglich. Jeder aber soll, so gut es geht, zu seinem Rechte kommen. In Stadt und Land soll jeder „sein eigenes Gewerb und Handwerk treiben". „Es sind die Handwerk darum erdacht, daß Jederman sein täglich Brod damit gewinn, und soll Niemand dem andern greifen in sein Handwerk". „Ist einer ein Weinmann, so geh' (er) darmit um und treib kein Ding darzu. Ist er ein Brodbäck, dasselbe". „Ein Baumann soll seinen Acker bauen, ein Rebmann seinen Weingarten". Das ist es, „was kaiserliches Recht gebietet, — unsere Vordern sind nit Narren gewesen".

Wenn die Kaufleute die Preise der Waren, die sie einführen, zu ihrem eigenen Vorteil und zum Schaden des gemeinen Mannes untereinander ausmachen, so muß das in Zukunft durch obrigkeitliche Taxierung verhindert werden. Auch die großen Handelsgesellschaften in den Städten müssen „gebrochen" werden, denn sie kommen „aller Gemein in den Städten und auf dem Land übel". Durch sie werden die Preise nach ihrem Belieben und zu ihrem Nutzen verteuert: diese „Aufsätze" thun aber „allen Landen weh". Aus dem gleichen Grund kann „das Fürkaufen" nicht mehr gestattet sein; dadurch schlägt man „ungewöhnlich Gewinn" auf das zum Leben Notwendige und „dringet den armen Mann". Wer durch den Fürkauf seinen Nächsten wissentlich und absichtlich „schätzt", bricht „das Gebot Gottes, und ist eine Todsünde". Deshalb soll auch der Preis der Lebensmittel durch weise und fromme Männer, welche eidlich zu verpflichten sind, festgesetzt werden, also von „Korn und Wein und alle ander Ding, das ässig (eßbar) sei; daß der Baumann (Bauer) und Rebmann (Winzer) bestehen mögen bei ihrer Arbeit und jeder Handwerksmann bei seinem Lohn bestehen mag", dem letzteren soll ebenfalls für seine Arbeit der Lohn „gesetzt" werden.

Auch über das Münz=, Paß=, Gerichts= und Notariatswesen verbreitet sich „die Reformation". Schuldner dürfen nicht mit kirchlichen Strafen der Schulden halber belegt werden. „Man soll Niemand bannen um Geldschuld"[1]). Dem Banne verfallen Kirchenräuber, offene Wucherer, Ehebrecher und Gotteslästerer. Alle diese Dinge haben das Absehen, dem gemeinen Manne das Dasein zu erleichtern; überall befand er sich bisher im Nachteil. Selbst in den Reichsstädten, auf welche der Reformer doch große Stücke hält, ist nicht Alles in der rechten Ordnung. Besonders findet das Zunftwesen keine Gnade vor ihm, es ist eine Bevorrechtung, ein Privilegium: una parcialitas nennt er es, „und nit ein rechte Gemeinsamkeit". Eine Zunft hilft der andern; „damit ist dann die Gemein betrogen". Aber nach dem Recht soll „Jedermann dem andern gleich sein".

Die Gleichheit und Freiheit ist nach der „Reformation" die einzig berechtigte Form des Daseins, Frieden und Glückseligkeit schon hier auf Erden ihr Ziel. Friedrich soll der König genannt werden, weil er „reichlich alle Land zu Frieden setzt." In diesem Friedensreiche ist die „Freiheit groß", Glaube und Liebe steht recht in allen Punkten. Den „gewaltigen Häuptern" ist die Kraft genommen. Die Menschheit genießt die Freiheit, die ihr Christus „aus väterlicher Weisheit zugesetzt" hat. „Das ewige

---

[1]) Dieser Mißbrauch kirchlicher Strafen zu unkirchlichen Zwecken treibt auch den Memminger Bürger Sebastian Lotzer, der zu den berühmten 12 Bauernartikeln in einem sehr nahen Verhältnis steht, in seinem „Beschirm= büchlein auf 31 Artikel" (1524) im 15. Artikel zu der mit Reiser fast wörtlich übereinstimmenden Forderung: „Man sollt Niemand um Geldschuld bannen, nur allein in öffentlichen Sünden." Vergl. hierüber meinen Aufsatz in Zeit= schrift f. kirchl. Wissenschaft und kirchl. Leben. Jahrg. 1885 S. 483.

Leben liegt vor uns. Wer nun nicht ermahnt sein will, der heißt billig nit ein Christ; der soll wissen, daß ihm die Hölle offen ist. Darumb edlen, freien Christen thut darzu, als (in dem Maß als) wir gern wollten kommen zur ewigen Ruh."

So weit im wesentlichen der Inhalt der Schrift Friedrich Reiser's, die trotz einzelner Abweichungen sich in der Sphäre der husitischen Gedankenwelt bewegt, was durch den Aufenthalt des Verfassers in Böhmen ja schon äußerlich nahe gelegt ist. Husitisch ist vor Allem der Radikalismus der nationalökonomischen Forderungen in Bezug auf die Einziehung des Kirchengutes; husitisch die Connivenz, mit welcher Stellung und Besitz des Adels behandelt wird; husitisch ist der demokratische Zug, der in letzter Instanz die Ausführung dieser neuen Ordnung von der „Gemeine" erwartet; husitisch endlich der Appell an die Gewalt und die mystische Vorstellung, daß der Gebrauch der Gewalt, wenn es die Notwendigkeit erheischt, ein Gott wohlgefälliges Werk, ein Gottesdienst sei. So läuft auch diese Reformation schließlich auf einen Vernichtungskrieg des Bestehenden hinaus, obwohl der Verfasser sich enthält diese Consequenz offen auszusprechen. Die verschiedenen Gründe, welche den Verfasser veranlaßten seine Schrift bei Lebzeiten nicht öffentlich ausgehen zu lassen, leuchten von selbst ein. Er brauchte dies nicht zu thun, so lange er selbst der lebendige Träger und Vermittler seiner Ideen war und sie tagtäglich und an vielen Orten im persönlichen Verkehr ausbreitete. Als ein Zeichen von dem nachhaltigen Eindrucke dieser Lehren wird der Umstand neben anderm zu betrachten sein, daß sie nach dem Tod Friedrich Reiser's gedruckt, vielfach aufgelegt und gelesen wurden. So setzte sich die Wirkung, man darf sagen, fast ein ganzes Jahrhundert ununterbrochen fort.

Man wird also bekennen müssen, daß dem husitischen Geist eine wesentliche Beeinflußung der öffentlichen Meinung in Deutschland zuzuschreiben ist. Zu diesen mystisch=religiösen Vorstellungen trat noch um so wirksamer, weil sich Gegensätze gern ergänzen und berühren, eine nüchterne und praktische Anreizung hinzu: die Erinnerung an die ruhmwürdigen Kämpfe der Schweizer um Recht und Freiheit, an ihre glänzenden Siege, die sie über ihre Bedrücker im vierzehnten Jahrhundert davon getragen hatten.

Zunächst und zumeist zeigte das sich naturgemäß im deutschen Südwesten, der überhaupt in wirtschaftlicher und kultureller Beziehung der entwickeltste Teil Deutschlands damals war: man denke nur z. B. an den lebhaften Verkehr mit Italien.[1] Indessen blieb dies Beispiel auch in weiteren Kreisen durchaus nicht unbeachtet. Vielmehr darf man sagen: die Husiten auf der einen Seite als Vorkämpfer der religiösen und socialen Freiheit, die Schweizer auf der andern als die Vorkämpfer der politischen Freiheit standen dem deutschen Bürger- und Bauernvolk als lebendige Vorbilder stets vor der Seele. Deshalb wurden die beiden Namen Schlagwörter, in denen der gemeine Mann kurz und bündig sein ganzes Dichten und Trachten zusammenfaßte. Besser wußte er seine Stimmung nicht auszudrücken, als indem er auf das hinwies, was in der Schweiz und in Böhmen geschehen war. Dem Abte Trithiems sagte einmal ein Bauer[2]: „Was man Alles, wenn man den Bundschuh aufwirft, gewinnen kann, muß das Glück lehren; zum wenigsten aber müssen wir frei sein wie die Schweizer und auch in geistlichen Dingen mitregieren wie die Husiten.“ Man deutete sprichwörtlich, was man von der Zukunft erwartete, z. B. dadurch an, daß man sagte, diese oder jene Gegend, etwa der Schwanberg, werde „bald in der Schweiz“ liegen,[3] d. i. „ganz Deuschland wird Schweiz werden,“ „denn ein gemein Gerücht ist selten erlogen.“ Als die Kärnthner und Ennsthaler Bauern sich wider ihre Herren verbündeten, war nach dem Bericht eines Chronisten[4] „die gemayn Sag, sy wolten sich nach der treulosen Sweytzer Gewonhayten halten.“ Die Unterthanen des Bistums Speyer, unzufrieden mit ihrer Lage, drohten, sie wollten Schweizer sein. Auch bei den oberen Ständen wurde Schweizerart ein Stichwort, mit dem man die Neuerungssucht, das Freiheitsgelüste, den Trieb nach Selbstständigkeit im Bürger- und Bauernstande verschrie, verhöhnte oder auch fürchtete. Der Begriff Schweiz bezeichnete ihnen einen politischen und socialen Zustand, den man in Deutschland nimmermehr aufkommen lassen

---

[1] Roscher, Nationlökonomik S. 27.
[2] Janssen II, 399.
[3] Agrikola, Sprichwörter S. 214. Nr. 389.
[4] Hahn, collect. monument. tom. I, 634.

Vogt, Vorgesch. d. Bauernkrieges.   6

dürfe. So steht z. B. die aufstrebende Reichsstadt Nürnberg bei dem Markgrafen von Ansbach im Geruche der Schweizerei. Der Hochmut dieser „dummen stolzen Bauern und Feigensäcke" sei überaus groß geworden; der Markgraf, feuert ihn ein anonymer Dichter[1]) an, würde sich ein Verdienst erwerben, wenn er sie in einem Kriegszuge seine starke Hand fühlen lasse:

> „Ihr seid desto höher zu schätzen,
> Wo ihr sie über die Rüssel schlagt
> Und sie euch unterthänig macht.
> Es werden sunst ganz Schweizer darauß!"

Es genügte, von Unterthanen, gleichviel ob mit Recht oder Unrecht, dies landläufige Schlagwort zu gebrauchen, wenn man sie in den Verdacht zu bringen suchte, als wollten sie sich ihrer Pflichten oder gar ihrer Herren entledigen. Die Bewohner des fränkischen Fleckens Heidingsfeld wurden auf diese Weise bezichtigt, als sie einen Herrn von Gutenstein gefangen nahmen:[2])

> „Der Schweizer Art will sich regen
> Und die Böswicht erwegen
> Gegen ihren Herrn empören;
> Ist Schand von Franken zu hören,
> Die man hat vorher geehrt!
> Helft ihr Herrn, daß es werd gewehrt.
> Und nähet es zu rechter Zeit,
> Eh' das Loch werd zu weit."

Ohne Zweifel bemächtigte sich mehr und mehr der Masse des niedrigen Volks ein Geist, welcher den bestehenden Einrichtungen in Staat, Kirche und Gesellschaft sehr feindselig gesinnt war. Die drohende Gefahr bestand darin, daß es sich nicht etwa blos um demagogische Hetzereien handelte, welche da und dort ein williges Ohr fanden, sondern daß in der That die Stellung des Bauernstandes auf keiner festen und gesunden Grundlage mehr beruhte und daher die Unzufriedenheit nicht erst mit künstlichen Mitteln hervorgerufen werden mußte. Die herrschenden Klassen hatten aber keinen Sinn für die Leiden und Lasten der Masse. Man spürte und sah den wachsenden Groll

---

[1]) Liliencron, hist. Volkslieder II, 338.
[2]) Liliencron a. a. O. S. 360 u. d. Einleitung.

und Zorn derselben, wußte aber von keinem anderen Mittel, das Uebel zu beseitigen, als von Gewalt und Zwang. Es war ein ganz richtiges Gefühl, daß Friedrich Reiser die Reformation dem Kaiser zuschob; aber weder Sigmund, noch viel weniger der lässige Friedrich empfanden die Pflicht in ihrem vollen Umfang, dem unabwendbar drohenden Verderben gewissenhaft zu steuern. Man ließ die Dinge ihren Weg gehen. Die Spannung im ganzen Körper des Reichs mehrte sich zusehends, der Druck von oben blieb nicht unerwidert. In einzelnen Gegenden ließ sich der Bauernstand schon seit den dreißiger Jahren des fünfzehnten Jahr= hunderts hinreißen zur Selbsthilfe zu greifen, um lokale Uebelstände abzuwenden. Allein aus der Summe dieser lokalen Uebelstände setzte sich der ganze Notstand zusammen; es zeigte sich, daß in den meisten Fällen eine allgemeine Beschwerde war, was am einzelnen Ort zur gewaltthätigen Abwehr getrieben hatte. So verbreiteten diese Aufstände im Kleinen das Bewußtsein der gleichen Not im ganzen Bauernstand. Zugleich ließen diese Er= hebungen nicht nur ein schließliche furchtbare Katastrophe voraus= ahnen, sondern sie bewiesen schon mit entsetzlicher Deutlichkeit, daß die sociale Frage kaum auf friedlichem Wege gelöst werden könne. Reformversuche, Forderungen, Programme gehen diesen Gewaltthätigkeiten stets voraus, manchmal nur in der Form eines Schlagwortes oder in der Gestalt eines sichtbaren Bildes. Auch insofern zeigen sie eine Entwickelung, die lehrreich ist. Wir ersehen aus den Absichten, um derentwillen die Waffen erhoben wurden und Rottirungen stattfanden, wie weit die sociale Frage theoretisch gediehen war; wir erkennen, in welcher Richtung nach der Meinung der Masse oder wenigstens ihrer Führer sich die Reform der Agrarverhältnisse zu vollziehen habe. Am besten wird sein, bei Betrachtung dieser Vorspiele des großen Bauern= krieges einfach die Zeitfolge einzuhalten.

Viertes Kapitel.
Die Vorspiele des Bauernkrieges.

1. Die ersten Tumulte.

Als die erste größere Bauernerhebung, die mit Recht als das früheste Vorspiel des großen Bauernkriegs aufgefaßt wurde, ist der Angriff des rheinischen Landvolks auf die Stadt Worms zu nennen.[1]) Er galt namentlich den Juden, welchen die Bauern dieser Landesart sehr verschuldet gewesen zu sein scheinen. Am 20. Dezember 1431 erschien ein gewaltiger, mit Spießen und Armbrust bewaffneter Bauernhaufe vor der Stadt Worms. Sie führten ein Panier mit dem Bilde des Gekreuzigten und mochten etwa 3000 Mann stark sein. Zwei Adelige, ein Ritter Wernherr Wunher und Konrad von Rotenstein, — auch ein Siegfried vom Stein wird genannt — hatten dem Anscheine nach sogar das Amt der Führerschaft übernommen. Als sie dem Rat der Stadt durch Gesandte entbieten ließen, er solle ihnen die Juden ausliefern, wandte dieser sich an Speier und den Kurfürsten Ludwig zu Heidelberg, dessen Unterthanen die rebellischen Bauern waren. Dieselben wurden nun zwar zur Heimkehr bewogen, rottirten sich

---

[1]) Zeitschrift f. Gesch. des Oberrheins Bd. 27, 159—149 (Bezold). Wenn Janssen in seiner bekannten Manier, Alles auf die Ketzerei zurückzuführen, den Angriff als eine unmittelbare Folge der husitischen Wirksamkeit des Johannes von Drändorf hinstellt (II, 398), so fehlt hierfür ein sicherer Anhaltspunkt. In den 18 ketzerischen Artikeln desselben werden lediglich kirchliche Punkte besprochen, höchstens den 4. Artikel ausgenommen, in welchem er die weltliche Herrschaft der Geistlichen schlechtweg verwirft. Von den Juden ist darin mit keinem Wort die Rede.

aber bald wieder zusammen, forderten sogar im weiteren Kreis zum Beitritt auf und drohten der Stadt ihren Willen abzunötigen, selbst wenn sie darüber Not und Tod leiden würden. Die Wormser erschracken auf das höchste und fürchteten nicht blos für die Juden, sondern für sich selbst und ihre Gerechtsame. Städtetage und Verhandlungen zogen die Sache bis ins nächste Jahr (1433) hin, wo eine Vergleichung eintrat. Angesichts der Husitenkriege mit ihren Greueln erregte dieser bewaffnete Aufstand überall Entsetzen. Man fürchtete ähnliches Unheil in Deutschland, wie es eben in Böhmen angerichtet worden war, daß nämlich dieses Unwesen, wenn man nicht bei Zeiten vorbeuge, „der Christenheit, der Geistlichkeit, dem Adel und männiglich" großen Schaden bringen werde. „Wenn das Conzil (zu Basel) nicht Vorsorge trifft, so ist zu befürchten, daß alle diese deutsche Bauern die Partei der Husiten ergreifen werden." Mit andern Worten: man traute schon damals, — was sehr beachtenswert ist — dem deutschen Bauernstande die Fähigkeit zu, sich ganz und gar dem Communismus zu ergeben, dessen Hauptangriff sich je und je gegen alles, was Vermögen besitzt, zu wenden pflegt. Aus diesem Grunde betrachteten gerade die reichen Städte diese Bewegung mit mißtrauischen Blicken. Die Stadt Ulm, damals der Vorort „der Vereinigung (der Städte) in Schwaben," schrieb auf die erste Nachricht von dem Tumult an den Rat der Stadt zu Speier, was es mit der „Versammlung, die um Worms entstanden sei", für eine Bewandtnis habe. Als von dort und von Worms nur die Antwort einlief, es sei eine gegen die Juden gerichtete Bewegung der Rheinbauern, ließen sich die Ulmer dadurch keineswegs beruhigen. Ihnen kam die Sache durchaus nicht so einfach vor. Sie wollten es nicht recht glauben, daß es blos auf die Juden abgesehen sei, denn die Bauern hätten den Wormsern überhaupt „ihren Zins und Gülten von ihren Gütern und ihrem Eigentum, ihre Schulden und, was sie ihnen pflichtig seien, vorenthalten." In Böhmen und anderswo seien diese „Unläufe" wider Gott und den heiligen Glauben, wider alle Ehrbarkeit, geistliche und weltliche, „doch allermeist über die Geistlichkeit und auch die Ehrbarkeit aller Commun und Städte", gerichtet. Der Ulmer Rat kannte die Feinde der Städte und der Ehrbarkeiten, und suchte sie nicht blos in den unteren, sondern auch in den oberen Schichten der Gesellschaft. Nach dem, was erst vor nicht zu langen Jahren die schwäbischen Reichsstädte durchzukämpfen gehabt hatten, und angesichts der husitischen Revolution konnte man es den Ulmern auch nicht verargen, wenn sie die Dinge sehr schwarz ansahen. Es fiel ihnen auf, [daß die Bauernschaft in dem „weiten Flachland", wo es doch leicht „zu wenden wäre", sich solches unterstanden habe: sie deuteten an, daß ein geheimes Verbündnis des Adels mit der Bauernschaft dahinter stecken müsse und daß selbst die Fürsten, am meisten wohl der pfälzische Kurfürst, der Sache nicht ferne stünden, weil sie keinen Ernst dagegen zeigten, sondern ruhig zusahen und nicht einschritten; also daß man „gedenken muß, daß es etwas Grund habe." Thatsächlich mochte es wohl sein, daß die Ulmer, leicht ängstlich gemacht, die Gefahr übertrieben; aber begreifen kann man sie. Nach den nur zu spärlichen Nachrichten, die über den Aufstand noch vorhanden sind, handelte es sich in Wahrheit lediglich um die Juden, an denen die Bauern allerdings blutige Rache zu nehmen anfangs fest entschlossen waren. Eine andere Absicht sprachen sie selbst nicht aus, eine weitergehende Beschuldigung zeigen im Grunde auch die Aussagen der Wormser nicht, und etwas anderes traute man den Bauern auch am pfälzischen Hof nicht zu, mochte nun der von demselben ausgehende Vergleichsvorschlag vom Kurfürsten selbst oder nur von seinen Räten herrühren, daß nämlich der Rat der Stadt Worms, weil das Volk arm und die Not groß sei, die Juden bestimmen solle, auf die Zinsen zu verzichten und sich mit der Heimzahlung des Kapitals zu begnügen. Auf anderes erlaubt auch der endliche Ausgleich nicht zu schließen, worin der Wormser Rat den Bauern eine Verlängerung der Frist, innerhalb deren sie die geliehenen Kapitalien zurückzuzahlen hätten, und den gänzlichen Erlaß der aufgelaufenen Wucherzinsen gewährte. Die Aufständischen wollten sich an den Juden für die wucherische Aussaugung rächen, der sie sich — wer weiß, seit welcher Zeit — ausgesetzt sahen. Dabei mag ihnen wohl die Hoffnung vorgeschwebt haben, sich aller Verpflichtungen gegen die Juden völlig zu entledigen. Lokale Begrenzung, das ist sicher, hatte dieser Aufstand der Rheinbauern, aber keineswegs nur lokale Bedeutung. Ueber Wucherzinsen und Aussaugung

hatten nicht blos die Rheinländer zu klagen. Die unerträgliche
Ausbeutung durch den Kapitalismus beschränkte sich nämlich nicht
auf die rheinische Gegend und deshalb kommt der Erhebung der
pfälzischen Bauern thatsächlich eine allgemeinere Bedeutung zu.
Denn diesem Beispiele folgte man bald auch anderwärts. Ja
es gewann den Anschein, als spitze sich alles lediglich auf die
Judenfrage zu. Volle dreißig Jahre rührte sich dann auch keine
Bauernschaft mehr, als die Obrigkeiten selbst energisch gegen die
Juden vorgingen. Die Juden wurden ihres Wuchers wegen 1432
aus Sachsen, 1435 aus Zürich und Speier, 1438 aus Mainz, 1439
aus Augsburg, 1450 aus dem Herzogtum Bayern, 1453 aus
dem Bistum Würzburg, 1454 aus Brünn und Olmütz, 1457
aus Schweidnitz, 1458 aus Erfurt, 1468 aus Neisse, 1470 aus
dem Erzstift Mainz ausgetrieben.[1] Hierauf folgten noch weitere
Maßregeln gegen die Juden. An dieser weitgehenden Wirkung
erkennt man leicht, daß der rheinische Bauernaufstand nicht als
ein Vorgang von rein lokaler Bedeutung[2] angesehen werden
darf; darüber hinaus geht auch, daß die Bauern in großen
Haufen sich sammelten, daß sie durch das Bild des Gekreu=
zigten ihrer Sache einen christlichen Stempel aufzudrücken
suchten und daß sie laut zum Beitritt zu ihrer Versammlung
auffordern ließen. Und das Alles geschieht, ohne daß vorher
auch nur der Versuch, auf gütlichem Wege den Zweck zu erreichen,
gemacht worden wäre. Der offene Appell an die Gewalt und
an die Waffen ist ein Zeichen der Zeit, in welcher man begann
nach dem Muster der Husiten mit dem Schwert in der Hand,
auch in Deutschland sein Recht zu ertrotzen oder zu erzwingen.
So eröffnet diese bewaffnete Erhebung die Reihe jener bäuerlichen
Aufstände, die im Verlaufe des fünfzehnten Jahrhunderts bald
da bald dort in Deutschland, immer erst noch vereinzelt, aber
doch schon als ein Beweis für die Gesinnung, welche im Bauern=
stand mehr und mehr sich verbreitete, ausbrachen.

---

[1] Stobbe, die Juden in Deutschland während des Mittelalters 2c.
S. 192—193.

[2] Hierin hat Bezold gegen Zöllner recht, obwohl sonst dem ersteren
die ganze Würdigung der Erhebung nicht gelungen ist.

Dadurch daß die Herrschaften den Antrieb, den sie zur
Vertreibung der Juden von bäuerischer Seite empfangen hatten,
befolgten, goßen sie eigentlich, ohne zu wissen, was sie thaten,
Oel in's Feuer. Denn sie zeigten durch diese rechtswidrige
Gewaltthätigkeit dem armen Manne, daß man zur Abwehr der
Bedrückung oder, mit dem technischen Ausdruck gesprochen, zur
Lösung einer socialen Frage am ehesten komme, wenn man kurzer
Hand zugreife. Die Bauern lernten nicht blos von den Husiten,
sie lernten auch von den höheren Ständen: von den Herren und
den Reichsstädten. In der Verfolgung der Juden hatten diese
schon im vierzehnten Jahrhundert hinreichende Beispiele gegeben.
Von den Fürsten und Adeligen lernten sie ferner, sich in Bünd=
nissen zu vereinigen, in Schaaren aufzutreten und sich Hauptleute
zu setzen, also eine gewisse Ordnung zu machen, wenn sie etwas
im Schilde führten, „daß man sich zusammenthun müßt in Haufen
und einen eigen Bundesbrief machen und eigen Panier haben,
daran man erkennen möcht, wes Standes man wäre und was
man wollt gewinnen durch die Sammlung".

Dieses erwachende Standesbewußtsein, dieses Gefühl der
Zusammengehörigkeit ergriff den Bauernstand zuletzt, aber nach=
drücklich, und wurde zur Grundbedingung für die weitere Ent=
wickelung der Bauernbewegung. Wenn auch nur landschaftlich
zusammengeschlossen, konnte eine solche Vereinigung, wie es in
Worms geschehen, zunächst gegen das auftreten, was man im
engeren Kreise als beschwerlich und unerträglich ansah. Als im
Jahre 1462 der Erzbischof [von Salzburg[1]] Steuern ausschrieb,
welche seinen Unterthanen ungerecht und unerschwinglich vorkamen,
da rottirten sich die Bewohner des Pongaues, Pinzgaues und im
Brixenthal und verweigerten mit bewaffneter Hand die Zahlung
der ihnen auferlegten Steuern. So stark war bereits die Bauern=
einigung, daß der Erzbischof mit seinen Hilfsmitteln ihrer nicht
mehr Herr wurde. Erst dem bayrischen Herzog Ludwig gelang
es, die Widerspänstigen zu Paaren zu treiben und ihnen eine
Strafe von mehr als 2000 Gulden aufzuerlegen.

Ueber den Charakter einer anderen Bauernerhebung, die

---

[1]) Pez: Scriptores rer. Austr. II, 465.

sechs Jahre später, 1468, in Elſaß ſtattgefunden hat, verbreiten die uns zu Gebote ſtehenden Berichte[1]) nicht genügendes Licht. Im äußerſten Südweſten Deutſchlands gingen die Wogen jenes verderblichen Unfugs, durch den die allgemeine Fehdewut dem deutſchen Reich die ſchwerſten Wunden ſchlug, beſonders hoch: die Oeſterreicher und Schweizer, die Reichsſtädte und der Adel führten hier unaufhörlich kleine Kriege wider einander. Die von Mühlhauſen hatten ſich mit den Schweizern verbunden „waren nublich Schwitz worden“ und bekriegten den Herzog Sigmund und den öſterreichiſchen Adel trotz des aufgerichteten Friedens. Acht Tage vor Himmelfahrt des genannten Jahres mußten die Städte Solothurn und Bern der Reichsſtadt Mühl= hauſen zweihundert Mann wider den benachbarten Adel zu Hilfe ſchicken. Es ſcheint, daß der Adel hier die Bauern für ſeine Sache zu gewinnen wußte, ein Beweis, daß die Furcht der Ulmer vor einer Verbindung des ſtädtefeindlichen Adels mit der Maſſe der Bauern unter Umſtänden nicht gänzlich unbegründet erſchien, freilich nur da, wo die Feindſchaft gegen die Städte= bürger die einzige Triebfeder gemeinſamen Kampfes gegen ſie war. Wir leſen, daß ſich der öſterreichiſche Adel um Mühlhauſen verſtärkte und in der Umgebung der Stadt alles zu Grunde richtete, und daß ein neuer Feind von beſonderer Gattung entſtand. Der Edle Anſelm von Masmünſter habe ein Banner mit einem „Bauernſchuh“ aufgeworfen und einen Edeln von Zäſingen zum Mithauptmann angenommen. Bei zweitauſend Bauern hätten ſie aus der Landſchaft Masmünſter, Thann und Sennheim auf= gewiegelt und einander zugeſchworen: „Sie wollten aller Welt Feind ſein“. Ueber den weitern Erfolg dieſes Tumultes fehlen die Nachrichten[2]). Aber merkwürdig erſcheint er aus zwei Urſachen: erſtens nämlich, daß die Rädelsführer durch ein Schla'gwort, wie das angeführte, die Gemüter erhitzten und in demſelben gleichſam ihre Abſicht ausſprachen und zweitens, daß

---

[1]) Ochs, Geſchichte der Stadt Baſel 4. Bd., S. 176. Chronik von Maternus Berler im Code Historique et diplom. de la ville de Strass-bourg S. 79 ff.

[2]) Maternus Berler weiß von dem Bundſchuh kein Wort zu erzählen, obwohl er ſonſt dieſe Mühlhauſer Fehde genauſtens ſchildert.

zum allererften Mal der Bauern= oder Bundschuh als das Bannerzeichen, als das Symbol vorkommt, unter dem Bauern hernach sich zu vereinigen und ihre Sache zu führen liebten. Wo der Bundschuh auf die Fahne gemalt war oder auf einer Stange dem Haufen vorangetragen wurde, da ward angedeutet, daß das Bewußtsein des socialen Gegensatzes die Gemüter beherrsche, daß man mit den höheren Ständen aus Klassenhaß Abrechnung halten wolle. Denn der Bundschuh[1]) stand als die derbere und unschönere Fußbekleidung des Landvolks im Gegen= satz zum feineren und zierlicheren Brisschuh der bessern Stände: so konnte er mit Recht als Merkmal, als Feldzeichen des Bauernstandes verwendet werden; in gemein verständlicher Weise wurde dadurch der Unterschied der Stände vor Augen gestellt.

Im Jahre 1478 rottirten sich die Kärnthner Bauern gegen ihren Herrn, den Kaiser Friedrich[2]), der eine Münzveränderung vornahm, indem er einen „Agler Pfennig"[3]) für zwei gemeine Pfennig setzte, während die Bauern dafür „nur drey Helbling" geben wollten. Sofort machten sie einen Bund bei Villach, der sich täglich mehrte. Wer in denselben trat, schwur bei einem blosen Schwert, das zwischen zwei Stangen aufgehängt war und vom Schwörenden berührt wurde, und mußte eine Geldabgabe entrichten. Man vermeinte, die Bauern seien „all unsynig und (es) wäre kein Teufel in der Hölle". Ihre Obersten waren Peter Wunderlich, ein Bauer, und der Schmied Matthias Hensel. Sie machten Artikel und schickten dieselben zu andern Bauern, z. B. ins Ennsthal, wo gleiche aufrührerische Gelüste durch einen Bauern Namens Meinhardt unter der Bevölkerung hervorgerufen waren. Unter dem Vorgeben, ihr Bund sei wider die Türken errichtet, betrogen sie „manchen einfältigen Mann". Sie hatten aber den Willen sich das geistliche und weltliche Gericht anzu= eignen; „man sol umb al Händel den Bundherrn klagen und

---

[1]) Der Bundschuh hatte „auf beiden Seiten Riemen, dreyer Ellbogen lang, die flocht man und schnürt sie umb die Bein und leine Hosen kreuz= weis herumb wie ein Gatter." Die Brisschuhe dagegen wurden eingebreifelt, geschnürt. Schmeller=Frommann.

[2]) Hahn, collectio monumentorum tom. I, p. 631—642.

[3]) Agler = denarius aquilegiensis. Grimm WB. 190.

sunst Nyemanten, weder Herrn noch Richtern, und sprachen selbs, sy wolten all Richter und Boten abthuen, und in jedem Gericht vier Bauern zu Richtern setzen. Sy wolten auch Pfarrer und all Prysterschaft setzen und entsetzen"; „sy wolten den Adel unterdrückt haben und die Priesterschaft selbs geregieret haben". In den Bund kamen „viel verzagter Bueben, dye vormalen im Land und in den Gerichten" nicht wagen durften zu bleiben. Dieses Bauernverbündniß breitete sich von Tag zu Tag weiter aus: „die untreuen Bauren reckten ihre Händ vor Freuden auf, da sy in den Bundt kumen solten". Den geistlichen und welt= lichen Herren zu Kärnthen „ging die Sach fast zu Hertzen," und ließen dem Kaiser die bedenkliche Sache vortragen. Dieser schickte sofort ein Mandat an alle Stände und Unterthanen des Reiches, in welchem er ihnen gebot, aus dem Bund zu treten „bey Verliesung Leybs und Guets und Straffung Weib und Kindt". Aber die Bauern erklärten das kaiserliche Schreiben für unecht; sie selbst hätten des Kaisers Brief, „daß sy mit dem Bund eylen solten". Die Folge davon war, daß, „wer vor nicht in dem Bundt was, der kam darein". Der größte Teil von Kärnthen gehörte dazu. Allein da kam nach der Aussage unseres bauern= feindlichen Gewährsmannes die Strafe Gottes. Am Tag des Apostels St. Jakob brachen die Türken ins Land, als eben 3000 Bauern beieinander waren, welche dem Feind allein entgegentreten wollten. Den heroischen Entschluß führten aller= dings nur sechshundert aus und sie alle wurden erschlagen und gefangen, die übrigen „ehrlos und treulos, flohen zu Städten, und Geschlossen, die sich (sie) vor vermainten zu stören (zerstören) und zu brechen". Die Türken aber verbrannten Städte und Dörfer, Schlösser und Kirchen. Bei St. Jakob im Rasttal stellte sich ihnen trotzdem wieder ein Bauernhaufen entgegen, aber er wurde ebenfalls vernichtet. Daß unser Berichterstatter, der seinem Haß gegen die Bauern den schärfsten Ausdruck verleiht, bei der Schilderung des bäurischen Bundes und seines Zweckes sehr übertreibt, dürfte wohl anzunehmen sein. Jedenfalls benahmen sich die Bauern gegen die Türken tapferer, als die Herren, die zwar keine Hand regten dem Feinde zu begegnen, aber hinterher ihrer Tapferkeit gegen die eigenen Landsleute ungezügelten Lauf ließen. Natürlich: der Einfall der Türken war nur für die Bauern „ein besundre Straff, von Gott, der die übermütigen, die sich selbst nicht erkennen wollen, (er)niedert". Unter dieser Voraussetzung waren die Herren wohl im Recht mit harter Strafe den Vorwitz der Bauern zu ahnden. Etliche ihrer Obersten wurden gefangen, auf der Folter gefragt und eingesperrt, etliche „an Leyb und an Guet gestrafft". „Noch get der Bund den Bauern in Sinn, und müssen doch dartzu geschweygen".

Die Autorität der Regierungen, die geschlossene Gewalt der oberen Stände wurde mit diesen mehr zornmütigen, als organisirten Versuchen der Selbsthülfe immer wieder und verhältnismäßig leicht fertig.

---

2. Der Pauker von Niklashausen.

Judenwucher, Wucherzinsen, Steuerdruck, Münzverschlech= terung gehörten entschieden zur Bauernfrage, sie waren wesentliche Teile derselben; aber diese selbst war mehr, bedeutete noch etwas ganz anderes. Selbst wenn diese Dinge behoben, diese Beschwerden weggeschafft waren, so war mit nichten die Frage selbst gelöst, ja die Lösung nicht einmal um etwas Nennenswertes gefördert, ihrem Ziele näher gerückt. Wohl beabsichtigte die dem Kaiser Sigmund unterschobene Reformation eine gänzliche Veränderung der mittelalterlichen Gesellschaftsordnung, und ihr Verfasser hatte bei Lebzeiten seine Lehren selbst in weiten Kreisen ausgebreitet, aber ein praktischer Versuch nach diesem Programme oder nach Gesichtspunkten, die von diesem angeregt waren, war bis in das Jahr 1476, wo jene Schrift zum ersten Male in die Welt ging, noch nicht angestellt worden. Ein Zufall, der immerhin angemerkt zu werden verdient, wollte es, daß im Jahre 1476 dieser im Zuge befindliche Prozeß eine entscheidende Wendung einschlug.

Es taucht nämlich in diesem Jahre mitten in Deutschland, in Franken, ein Mann aus dem Volke auf, der ohne bestimmten äußern Anlaß eine Bewegung hervorrief, die zum ersten Male einen allgemeinen und principiellen Charakter an sich trägt. Nicht einzelne Reformen erstrebt jener Volksmann, dem

die Massen wie einem Propheten zuströmen und wie einem
Messias anhangen, sondern die Revolution will er im letzten
Grunde und zwar die kirchliche, die politische und die sociale
Revolution. Radikal ist er in Allem: ein Bußprediger, der
Askese fordert wie der strengste Mönch, und doch den Haß
schürt gegen Alles, was dem geistlichen Stand angehört, ein
radikaler Demokrat, der Kaiser, Päpste und Fürsten als Betrüger
und Bedränger des Volks hinstellt, und selbst die Menge durch
erdichtete Wunderthaten hintergeht; ein radikaler Streiter wider
die päpstliche Hierarchie, der aber selbst auf ein Zerrbild der
Hierarchie hinauskommt, indem er sich an die Stelle des Papstes
und sein fränkisches Dorf an Rom's Stelle setzen will. Neben
der Einsicht in die Bedürfnisse des Bauernstandes und die
Mittel, wie die Lage desselben zu verbessern sei, steht bei ihm
eine unglaubliche Unwissenheit über den Abgrund, in den er
die ganze Gesellschaft hinabstürzen mußte. Ohne die geringste
Bildung, ja weder im Stande zu lesen noch zu schreiben, verfügt
er über eine überwältigende, Alles beherrschende Beredtsamkeit
und verschmäht auch als Heiliger nicht, seine Gedanken in die Form
volkstümlicher Gesänge zu fassen, durch diese Lieder auf die
Massen zu wirken. Wie ein Evangelium wird sein Wort verehrt
und befolgt, denn sein Leben erscheint wie das eines Heiligen.
Zuerst der Welt und ihrem Dienst ergeben, wendet er sich von
der Ueberzeugung ergriffen, daß dieses Alles Sünde sei, davon
ab und sucht sich und seine Brüder von der Eitelkeit zu Gott
und seinem Dienste zu führen. Aber er ist weit entfernt, als
Bußprediger nur vor der Sünde zu warnen und zu einem Gott
wohlgefälligeren Leben zu ermahnen; vielmehr hält er sich berufen
die Welt wegen ihrer Sünden zu strafen, die Geißel des göttlichen
Zornes über die Verstockten zu schwingen, das Alte und Verrottete
zu stürzen und eine neue Ordnung der Dinge herzustellen. Ihn
beseelt nicht blos die Leidenschaft der Rede, sondern auch der
That: er will seine Anhänger nicht nur zu seinem Glauben
begeistern, sondern auch zu Werkzeugen seines Willens und
Vollstreckern seiner Pläne machen, Welt und Kirche mit ihnen
umgestalten und ein Reich brüderlicher Liebe auf Erden aufrichten.
Mit dieser utopistischen Verheißung eines theokratischen Staates

94

gewann er in kurzer Zeit Anhänger nach vielen Tausenden, welche in seinem Blendwerk mit Beifall das ideale Bild eines Zustandes erblickten, den die Welt nur durch die Schlechtigkeit und Herrschsucht der oberen Stände entbehren mußte. Verderb= lichere Lehren waren selbst in diesen aufgeregten Zeiten in Deutschland noch nicht vorgetragen worden; die Gefahr, mit welcher dieser wunderliche Kopf Alles bedrohte, war um so schwerer, als das seltsame Gemisch von Widersprüchen in ihm die Menge verblenden und verdrehen mußte. Und doch war er von Haus aus nur ein Hirte, der nebendem an Hochzeiten, Kirchweihen, Feiertagen und Messen mit der Handpauke und der Sackpfeife zum Tanz aufspielte oder zur Kurzweil allerlei lustige Lieder zu singen wußte. Hans Böhm[1]) (Behaim, Beham) war sein Name. Ob er selbst in Franken geboren war, oder wie manche aus seinem Namen entnehmen wollen, aus Böhmen stammte, läßt sich nicht entscheiden. Im schönen Taubergrund lebte er, hütete die ihm übergebene Heerde und sang und musicirte bei festlichen Gelegenheiten, so oft man ihn dazu nötig hatte. Da drang, so wird erzählt, zu ihm in die Einsamkeit seines Hirtenlebens auch die Kunde von den Wundern, welche durch das Feuer seiner Predigten der Bruder Capistranus an seinen Zuhörern vor mehreren Jahrzehnten gewirkt hatte, wie sie Würfel und Karten, Schmuck und kostbare Kleidungen von sich warfen und fromme Uebungen anstellten[2]). Es bleibt freilich zweifelhaft, ob das Beispiel dieses Mannes thatsächlich in dem Hirten und Pauker einen ähnlichen Eifer gegen die Sünden in der Welt und den Entschluß sie zu bekämpfen hervorrief oder ob ein paar listige Hintermänner in dem geschickten und erregbaren Jüngling ein Werkzeug ihrer von Eigensucht nicht freien Gedanken erblickten und deshalb in ihm die böse Flamme geistlichen Hochmuts und die Eitelkeit, es jenem Bußprediger nachzuthun, anfachten. Genug,

---

[1]) Barack, Hans Böhm und die Wallfahrt nach Niklashausen im J. 1476. Archiv des hist. Vereins von Unterfranken und Aschaffenburg XIV. Bd. Jahrg. 1858. Zu vergl. Ullmann, Reform. v. d. Reform. I. Bd. und Zöllner a. a. O. S. 76. Gothein, relig. Volksbewegungen vor der Re= formation S. 10 ff.

[2]) Chroniken deutscher Städte. II, 412.

er verbrannte am Sonntag Lätare den 24. März 1476 vor der
Kirche zu Niklashausen, dem Grafen von Wertheim zugehörig,
seine Pauke und begann zum Volke öffentlich zu reden, das sich
aus der Umgegend vor dem wunderthätigen Gnadenbilde der
heiligen Jungfrau in der Dorfkirche zu versammeln pflegte,
seitdem diese Verehrung mit einem päpstlichen Ablaß begnadet
worden war. Mit dreierlei Mitteln wirkte er: durch seine Predigt,
durch Wunderthaten und durch Gesänge. Mit dem ersten Mittel
regte er die Massen bis auf den Grund auf; durch das zweite
legitimirte er seinen vorgeblich göttlichen Beruf; in den Liedern
die er selbst verfaßte und gleich zum Singen einrichtete, trugen
die massenhaften Wallfahrer, die sich bald einstellten, leichtfaßliche
und gefährliche Sätze bis in weitentfernte Gegenden. In den
ersten Predigten erzählte er seine Bekehrung und Berufung.
Die Jungfrau Maria sei ihm mehrmals erschienen, als er Nachts
die Heerde geweidet, habe ihn zum Propheten erkoren und
ermahnt, von seinem sündlichen Leben abzustehen, seine Pauke zu
vernichten, das Aufspielen zum Tanz zu lassen und Gottes
Wort dem Volk zu verkündigen. Der Zorn Gottes sei über
die Menschen und sonderlich die Priesterschaft entbrannt. Gott
habe schon die strafende Hand ausstrecken und Wein und Korn
durch Kälte verderben wollen, aber auf sein Gebet hin seinen
Grimm noch abgewendet. Im Tauberthal, in Niklashausen,
wolle Gott eine besondere Gnadenquelle fließen lassen, reichlicher
als in Rom oder sonstwo. Wer hierher komme, erlange ihre
ganze Segensfülle, und wenn er sterbe, so gehe seine Seele
sofort zum Himmel ein. Vom Fegfeuer wollte er nichts wissen.
Himmel oder Hölle ist nach den Worten des Paukers das Loos
des Menschen, wer er auch sei. Neben Niklashausen vergaß er
voll Selbstgefühl nicht die ihm anvertraute Macht zu rühmen,
Wäre eine Seele in der Hölle, sagte er, so wolle er sie mit der
Hand herausführen. Das Alles machte schon einen außer=
ordentlichen Eindruck auf die Zuhörer, deren Zahl von Sonntag
zu Sonntag sich vergrößerte, angelockt nicht blos durch seine
Worte, sondern auch durch die Wunder und Zeichen, von denen
man sich zu erzählen wußte. Vor Allem trat er in die Fuß=
tapfen der Bußprediger aller Zeiten, indem er gegen den Luxus

und die Ueppigkeit seine Stimme erhob und aufforderte, der
Hoffart in der Kleidung zu entsagen und den goldenen Schmuck, die
seidenen Gewänder, Brusttücher und die spitzigen Schuhe abzu=
legen. Dem Landvolk, das ihm zuhörte, griff er damit wenig
ans Herz, denn der Luxus war ja zumeist bei den höheren
Ständen zu Haus, aber er lenkte den Sinn seiner Zuhörer auf
diejenigen, gegen die sie überhaupt erbittert waren. Diese Wendung
war nicht ohne Absicht und Wirkung. Zunächst steigerte sie die
Abneigung gegen die Geistlichkeit, deren Habsucht, Uebermut und
unchristliches Leben eine bequeme Zielscheibe darbot. Es sei
leichter einen Juden zu bekehren, als einen Geistlichen oder
Gelehrten. Aber wenn sie sich nicht bessern, werde ihretwegen
bald große Not über die Welt hereinbrechen. Es werde dahin
kommen, daß alle Priester getötet würden und wer dreißig
Priester töte, ernte Gotteslohn. Die Priester sagen: „ich sei
ein Ketzer und wollen mich verbrennen; wüßten sie, was ein
Ketzer wäre, (so) erkenneten sie, daß sie Ketzer wären und ich
keiner. Verbrennen sie mich aber, (dann) wehe ihnen, sie werden
wohl inne, was sie gethan haben und das wird an ihnen
ausgehen". Der kirchliche Bann sei ohne Wert und die kirchliche
Ehescheidung ohne Recht, das stehe allein Gott zu. Auch den
schwer empfundenen Mißbrauch der Pfründenhäufung tadelte
er scharf und mit Recht verlangte er, es solle einer nicht mehr
als eine Pfründe haben. In dem Allen unterschied er sich noch
nicht von dem, was auch andere seiner Zeitgenossen wider die
Kirche und den Klerus öffentlich, mündlich oder schriftlich, zu
sagen wagten. Und selbst wenn er der Geistlichkeit wegen ihres
Wandels und Unglaubens mit einer schrecklichen Heimsuchung
drohte: „Sie werden erschlagen und in Kürze wird es dazu
kommen, daß der Priester mocht die Platte bedecken mit der
Hand; thät er gern, daß man ihn nit kennet", — so erregten
so scharfe Worte wenig Anstoß, denn jene Zeit war an Freimut
gewöhnt und die Mißstände gestatteten eine bittere Kritik. Allein
der „heilige Jüngling" beschränkte sich nicht darauf.

Als er des Beifalls der Menge sicher war, griff er die
bestehende Ordnung nach jeder Richtung mit unerhörter Kühnheit
an. Aus den wenigen Sätzen, die uns über den Inhalt seiner

Predigten überliefert sind, wird klar, daß er den Unterschied der Stände verwarf, selbst die Grundsäulen des mittelalterlichen Gesellschafts- und Staatengebäudes umstürzen und Alles im communistischen Sinne eingerichtet wissen wollte. Vor Gott lehrte er, ist Papst und Kaiser wie ein anderer Mensch. Werden sie an ihrem letzten Ende fromm erfunden, so fahren sie unmittelbar in den Himmel. „Werden sie aber bös funden, so fahren sie ohn Mittel (unmittelbar) in die Hölle". Daraus ersieht man, setzt der Berichterstatter bei, daß „er nichts vom Fegfeuer hält". Thatsächlich ist ihm aber der Kaiser „ein Bösewicht" und „mit dem Papst ist es nichts". Ergibt sich nun aus der letzteren Behauptung die Leugnung des Glaubens, daß dem Papste ein besonderer Schatz himmlischer Gnadengüter zu Gebote stehe und die Schlußfolgerung, daß „im Tauberthal so große, vollkommene Gnade und mehr sein soll, dann zu Rom", so stellt er andrerseits das ganze Lehenswesen, das in dem Kaiser, dem „Bösewicht", seine Spitze und Zusammenfassung hat, als eine verwerfliche Bedrückung des gemeinen Volkes dar, dem dadurch das Leben schwer und unglückselig gemacht werde. Der Kaiser gibt „einem Fürsten, Grafen, Ritter und Knecht, geistlich, weltlich, Zoll und Auflegung über das gemein Volk" — ein beschwerlicher Zustand: „ach weh ihr armen Teufel!" ruft er daher mit bitterem Seufzen aus. Wäre das irdische Gut gleichmäßig verteilt, so würde der Unterschied zwischen Reichen und Armen wegfallen, denn alle besäßen hinreichend, was sie brauchen. „Die Fürsten, geistlich und weltlich, auch Grafen und Ritter haben so viel; hätte(n) das die Gemein, so hätten wir alle gleich genug". Aber er begnügt sich nicht, diese Ungleichheit zu schildern, er fordert vielmehr unzweideutig ihre Aufhebung: „es muß geschehen", „es kommt dazu, daß die Fürsten und Herren noch umb einen Taglohn müssen arbeiten". So redete er dem crassesten Communismus das Wort, verwarf das Sondereigen (Privateigentum) schlechtweg und lehrte die Gemeinschaft des Besitzes als sein letztes Ziel; denn in dem neuen Reiche Gottes auf Erden sollten alle Menschen wie Geschwister beieinander wohnen in gleicher Freiheit und in gleichem Besitze. Ueber die Begründung, mit welcher der radikale Redner diese Sätze vor seinen Zuhörern

des Näheren ausführte, wissen wir nichts; indessen reichen diese
Schlagwörter, deren epigrammatische Kürze sie zu rascher Ver=
breitung überaus geeignet machte, vollkommen aus, uns über den
Geist und die Tendenz dieser Lehren zu unterrichten. Weil die
Voraussetzungen, auf die er seine Forderungen gründete, der
wahren Sachlage vielfach nur allzusehr entsprachen, weil seine
Kritik die unleugbar vorhandenen Schäden aufdeckte, mußte die
fanatische Begeisterung dieses Propheten die Leute verführen,
ihm, an dessen Lippen sie hingen, unbedingten Glauben zu
schenken. Es konnte sich keiner der Zuhörer der Ueberzeugung
entschlagen, daß man nur auf dem angegebenen Wege vom
allgemeinen Verderben, vom gänzlichen Untergange befreit werden
könne. Die logische, schrittweise vorgehende Entwickelung, wenn
der Ausdruck gestattet ist, mit welcher der zum Demagogen
gewordene Pauker seine Lehren vortrug und einen Satz auf den
andern baute, ohne ein Mittelglied auszulassen, ohne eine Schluß=
folgerung zu bald einzusetzen, wirkte auf die Menge mit einer
wahrhaft dämonischen Gewalt.

Es kam ja noch dazu, daß dem Manne außergewöhnliche
Kräfte verliehen zu sein schienen. In den Wundern, die er selbst
oder seine Nähe gewirkt haben sollte, erkannte der Aberglaube
der Zeit die zweifellose Bestätigung des Himmels. Nachts sah
man, so bekannten hinterher Augenzeugen, im Pfarrhofe und in
der Kirche zu Niklashausen Lichter brennen. Ein Kind ferner,
erzählte man sich von Mund zu Mund, welches ertrunken war,
sei zu Niklashausen zum Leben zurückgerufen, also auferweckt,
ein lahmer Mann wieder hergestellt, ein blind geborenes Kind
wieder sehend, einem Stummen die Rede wieder gegeben worden.
Auf einem Berge in der Nähe des Dorfes entsprang plötzlich ein
Quell, der vorher nicht vorhanden gewesen war. Diese und
wahrscheinlich noch mehr Zeichen wurden berichtet, verbreitet und
geglaubt; das lockte an. Wenn sie sich auch bei der Untersuchung
nachmals als unwahre Erfindungen oder sogar als Betrügereien
solcher, die davon Nutzen zogen, erwiesen haben, wenn es vor
Allem den Anschein gewinnt, als habe der Pfarrer von Niklas=
hausen in Gemeinschaft mit dem auch als Begharde bezeichneten,
geheimnisvollen Predigermönch, der in dieser Bewegung eine nicht

ganz aufgeklärte Rolle spielte, in eigennütziger Absicht und ohne
Wissen des Paukers einen Teil dieser Wunderthaten veranstaltet,
so dienten sie im Augenblick doch dazu, die göttliche Sendung des
Propheten zu beglaubigen und sein Ansehen über alle Zweifel zu
erheben. Ausgeschlossen ist allerdings die Möglichkeit nicht, daß
er diesen Wunderschwindel wenigstens stillschweigend geschehen ließ.
Oder vielleicht war er selbst der Betrogene und glaubte, was
ihm der Pfarrer und der Mönch als göttliche Gnadenwirkungen
vorspiegelten: ein Betrüger und ein Betrogener zugleich?

Erwähnt muß noch werden, daß der heilige Jüngling nicht
vergaß, die unheilige Kunst, die er zur Weltfreude ehemals geübt,
in den Dienst seines prophetischen Amtes zu ziehen, indem er
die zahlreichen Wallfahrer, welche zu ihm kamen, allerlei Lieder
lehrte, in denen dieselben Gedanken den Inhalt bildeten wie in
seinen Predigten, Lieder, „welche dieselbige Ketzerei und Täuscherei
gedichtet hatten". Mit diesen Liedern zogen die Waller in die
Heimat zurück, ließen sie ertönen, wenn sie durch Dörfer, Weiler
und Höfe kamen, und streuten so überall den Samen der neuen
Lehre aus. Eine Chronik der Stadt Schwäbisch-Hall erzählt,
daß „die Wäller unter andern ihren Creuzliedern öffentlich
sungen:

> Wir wollen Gott vom Himmel klagen,
>> Kyrie eleyson,
> Daß wir Pfaffen nit sollen zu todt schlagen,
>> Kyrie eleyson."

Schärfer als in diesem Vierzeiler konnte der Haß gegen die
Geistlichkeit, wie ihn Böhm lehrte, nicht ausgesprochen werden.
Es ist bedauerlich, daß diese „Kreuzlieder" verloren gegangen
sind; sie würden unsere Kenntnis von dem, was der heilige
Jüngling im Schilde führte, vorzüglich ergänzen. Sie wurden
ebenso eifrig gesungen, als nachmals unterdrückt. In fast allen
Verboten, die Lehre Böhm's auszubreiten, geschah der Gesänge
namentliche Erwähnung. „Wollet verbieten,' schreibt der Bischof
Rudolph von Würzburg an den Grafen von Wertheim, daß
Niemands fürter mehr von (dieser) Walfahrt rede oder singe."
Nichtsnutzig waren nach der Meinung desselben Bischofs die „Reden
und Gesänge, so man in diesen Wallzeiten erdichtet hat." Auf

der Tagfahrt zu Aschaffenburg, welche des Böhm halber im
Juni desselben Jahres abgehalten worden ist, wurde ausdrücklich
bestimmt, daß „Niemands die Liedlein und Cantilene, von dem
Pauker gedichtet, singe." Vorerst allerdings, so lange die Wall=
fahrt nach Niklashausen noch in Blüte stand, waren sie ein
wirksames und weitreichendes Mittel, den Ruf derselben zu ver=
breiten, die Neugierde zu wecken und die Menge herbeizulocken.

Von allen Seiten sollen die Massen herbeigeströmt sein:
nicht blos aus Ostfranken, also der Umgebung, sondern auch aus
Bayern und Schwaben, aus dem Elsaß und den Rheinländern,
aus Hessen, Thüringen und Sachsen — ganze Familien, ganze
Dorfschaften. Auf viele Tausende schätzte man an einzelnen Tagen
die Ankömmlinge.[1]) Es war, als ergreife die Wut oder die Be=
geisterung, dämonische Leidenschaft oder eine himmlische Inspira=
tion jeden, sobald er Kunde davon erhielt; von der Arbeit hin=
weg, noch im Arbeitsgewand mit ihren Werkzeugen, ohne Nahrung
und Geld kamen sie daher gelaufen. Weder Warnungen noch
Verbote vermochten den Zulauf zu hindern.

Die meisten Wallfahrer kamen übrigens nicht mit leeren
Händen. Es lag im Sinne der Zeit, der neuen Gnadenstätte
Weihgeschenke und Opfer aller Art darzubringen: Geld, Kleinodien
und kostbare Gewänder, besonders auch Wachskerzen, darunter
manche von solcher Größe, daß mehrere Männer nötig waren
sie zu tragen, wurden der Mutter Gottes und ihrem begnadeten
Diener, dem heiligen Jüngling, gespendet. Noch mehr als jene
wurde dieser verehrt. Sie fielen vor ihm auf die Kniee und
flehten ihn um seinen Segen oder die Absolution an. „Bitte
für uns, heiliger Mann" — so wird von dem Abte Tritheim,[2])
der kein Augenzeuge war, berichtet — habe man ihn angerufen,

---

[1]) Tritheim, Chron. Hirsaug.: uno die frequenter 10 000 hominum,
aliquando 20 000, nonnunquam etiam 30 000.

[2]) Tritheim lebte von 1462—1516. Das Rechtfertigungsgedicht auf
das Vorgehen des Würzburger Bischofs (Liliencron, d. histor. Volkslieder
d. D. II, 115.) erwähnt von dem Allem nichts, und doch würde sich der
Dichter nicht haben entgehen lassen, diese abscheuliche Vergötterung als be=
lastendes Moment gegen den Niklashauser Propheten hervorzuheben. Die
Glaubwürdigkeit Tritheim's ist überall fragwürdig. Geiger: Renaissance
und Humanismus S. 446.

oder: „Du Mann Gottes, sei uns gnädig und barmherzig"; da=
rauf habe er über die Menge der Flehenden das Kreuzeszeichen
gemacht. Aber damit, ihn zu sehen und von ihm gesegnet zu
werden, begnügten sich die aufgeregtesten unter den Wallfahrern
nicht. Man wollte ihn berühren, Reliquien und Erinnerungs=
zeichen von ihm haben, etwa ein Stück von seinem Kleid oder
Mantel.

In der Dorfkirche selbst ist er nicht aufgetreten; das wäre
schon bei der Menge, die sich alsbald um ihn sammelte, nicht
möglich gewesen. Nach dem „Receß und Abschied" der Tagfahrt
von Aschaffenburg zu schließen (Juni 1476), bediente er sich „Meß
zu halten" gerne eines tragbaren Altars[1],) der auf freiem Feld
aufgestellt wurde. Auch von einem Baume herab oder vom
Fenster oder Dach eines Hauses aus hat er nach Tritheim's Be=
richt gepredigt, weil ihm dabei der öfter erwähnte Predigermönch
die Worte zuflüstern konnte.[2]) Hauptsächlich au Fest= und Sonn=
tagen strömten in Niklashausen die Leute in hellen Haufen zu=
sammen. Das Dorf konnte sie nicht beherbergen, so daß sie sich
außerhalb desselben lagern mußten. Um die leiblichen Bedürf=
nisse der Waller zu befriedigen, schlugen Wirte und Krämer ihre
Buden auf: das sah dann aus wie ein Feldlager, in welchem
es manchmal unordentlich, ja ausschweifend hergegangen sein mag.

Natürlicherweise lenkten die Vorgänge in Nilashausen auch
die Aufmerksamkeit der weltlichen und geistlichen Herrschaften auf
sich, zunächst der benachbarten. Zwar der Graf Johann von
Wertheim, welchem das Dorf zugehörte, sah ruhig zu und mußte
sich deshalb später harten Tadel gefallen lassen, aber nicht so der
Erzbischof von Mainz, in dessen Diöcese der neue Gnadenort
lag, noch der Bischof von Würzburg, dessen Unterthan der heilige
Schwärmer war. Dem letzeren übertrug der Mainzer Kurfürst

---

[1]) Ob er auch eine umgestürzte Weinkufe benutzte, wie d·e Fries'sche
Chronik abbildet, erscheint sehr zweifelhaft. Die gleichzeitigen Quellen wissen
nichts davon.

[2]) Tritheim und Fries — der letztere nennt als Einbläser den Dorf=
pfarrer — machen J. Böhm zu einer hirnlosen Marionette. Das ist läcker=
lich und nimmt ihren Berichten die Glaubwürdigkeit. Ein reiner Thor, der
aus sich selbst nichts weiß und kann, ruft keine solche Bewegung hervor.

Diether von Jsenburg die gefängliche Einziehung Johann Böhm's
und seiner Helfershelfer und überhaupt das Predigen und Messelesen
unter freiem Himmel zu verbieten. Ende Juni wurde sodann von Ab=
gesandten der genannten geistlichen Fürsten ein Tag in Aschaffen=
burg gehalten und neben andern Bestimmungen gegen die Nik=
lashauser Wallfahrt beschlossen, erstens durch beglaubigte Zeugen
demnächst eine Predigt des Johann Böhm im Geheimen be=
lauschen und bezeugen zu lassen, und zweitens, daß der Pauker
„gefangen und herab gen Aschaffenburg geführt" werden solle.
        So leicht war das nicht. Das gemeine Volk hing dem
schwärmerischen Prediger an und war unter Umständen zu seinem
Schutze bereit. Die warme Jahreszeit gestattete gerade jetzt großen
Massen den Zuzug. Man besorgte ernste Dinge. Der Rat der
Stadt Würzburg z. B. sah sich durch „die schweren Läuft, die
vorhanden sind der Wallfahrt halben und wie viel seltsam Volk
durchziehe" veranlaßt für die Sicherheit der Stadt energische
Maßregeln zu ergreifen (29. Juni); sollte es zu einem bewaffneten
Tumult kommen, so wollte er sich nicht unbewaffnet überrumpeln
lassen. Die Dinge spitzten sich immermehr zu. Ob Böhm von
der ihm drohenden Verhaftung eine Ahnung hatte, wissen wir
nicht; aber soviel geht aus den Berichten hervor, daß auch er
seinerseits zum entscheidenden Schlage ausholte, daß er die Not=
wendigkeit erkannte, vom Wort zur That überzugehen. Am
Schluß der Predigt, die er am Sonntag vor dem Kilianstag
(7. Juli) hielt, forderte er die Männer unter seinen Zuhörern
auf, am folgenden Samstag Weiber und Kinder zu Haus zu
lassen und allein mit ihren Waffen zu erscheinen; denn auf Be=
fehl der Jungfrau Maria habe er ihnen drei ernste Worte mit=
zuteilen. Ueberall verbreitete sich das Gebot des Propheten, der
mit dieser Mahnung eine für ihn verderbliche Thorheit begangen
hatte. Der Bischof Rudolf von Würzburg — gerade diese Pre=
digt war amtlich belauscht worden — wollte nicht säumen, der
Gefahr zuvorzukommen und den aufrührerischen Pauker mit Ge=
walt aufheben zu lassen, noch bevor seine Anhänger in Wehr
und Waffen sich um ihn gesammelt hätten. Am 12. Juli schickte
er insgeheim vierunddreißig Reisige zu Pferd nach Niklashausen
und ließ den schlafenden Prediger aus dem Bett holen und ge=

fangen nehmen. Er wurde auf ein Pferd gebunden und eiligst davon geführt. Obwohl bereits mehrere tausend Waller angekommen und durch den Tumult wach geworden waren, so blieb der Versuch den fast angebeteten Propheten zu befreien doch erfolglos, die Reisigen ließen sich ihren Gefangenen nicht mehr abjagen, nur das Roß eines Reiterknechts wurde verwundet. Der Dorfpfarrer wurde ebenfalls verhaftet; der Predigermönch entzog sich in der Dunkelheit der Gefangennahme, wurde aber auf der Flucht ergriffen und nach Mainz gebracht: mit einem Griff hatte man das böse Nest ausgenommen.

Am nächsten Morgen, — der Margarethentag war der für die Zusammenkunft bestimmte Termin — erschienen dem Rufe ihres Führers gehorsam viele seiner Jünger. Aber mit Entsetzen vernahmen sie, was geschehen war und wußten nicht, was sie thun sollten. Die Einen kehrten ratlos in ihre Heimat zurück, die Entschlosseneren blieben und beratschlagten, was zu thun sei. Da trat unter ihnen ein Bauersmann auf und verkündigte ihnen, es sei ihm die heilige Dreifaltigkeit erschienen und habe ihm gesagt, die Brüder sollten nicht verzagen, sondern im festen Vertrauen auf die göttliche Hilfe mit ihren Wehren nach Würzburg ziehen und den heiligen Jüngling befreien. Die Mauern der Stadt würden einfallen wie die von Jericho, die Thore von selbst sich öffnen, und im Triumph werde der Prophet aus seinem Gefängnis hervorgehen. Eine stattliche Anzahl, — die zuverlässigen Angaben sprechen von 12000 Mann, — ließ sich bereit finden den Zug mitzumachen, der halb wie eine Fahrt Bittflehender, halb wie der Anzug entschlossener Gegner aussah. Die 500 Kerzen, welche sie aus der Dorfkirche mitnahmen und angezündet dem Haufen vorantragen ließen, machten den Eindruck, als komme eine fromme Kirchfahrt des Weges. Die tausende Bewaffneter, welche folgten, an ihrer Spitze vier Adelige aus dem Hochstift Würzburg: Kunz von Thunfeld, einer von Vestenberg und zwei von Stetten, legten die Vermutung nahe, daß sie entschlossen seien unter Umständen sich nicht blos auf das Bitten zu verlegen. Am frühen Morgen langten sie vor Stadt und Schloß an. Beide waren befestigt und wohl verwahrt, denn die Kunde war dem Bauernhaufen vorausgeeilt. Der Bischof ließ ihn durch seinen

Hofmarschall Georg von Gebsattel fragen, was sein Begehren sei. Man wolle, so lautete die Antwort, den gefangenen Jüngling befreien; wenn er nicht gutwillig ausgeliefert werde, würde man ihn mit der Hilfe der heiligen Jungfrau gewaltsam befreien. Als der Marschall ihnen über ihre Drohung Vorstellungen machen wollte, warfen sie mit Steinen nach ihm und zwangen ihn sich eiligst zurückzuziehen. Trotzdem schickte der Bischof einen zweiten Abgesandten in der Person des Konrad von Hutten zu dem Haufen, der die Bauern aufforderte, sich nach Haus zu begeben, da sie ohne schweres Geschütz der Festung nichts anhaben könnten: der gefangene Pauker werde nicht frei gegeben, sondern nach Gebühr bestraft werden. Wenn sie nicht abzögen, würden die schweren Geschütze wider sie gerichtet werden. Ein guter Teil ließ sich zur Heimkehr bewegen, die Uebrigen verblieben vor der Festung. Zuerst suchte man sie durch einige Schüsse zu schrecken; als aber dies nichts fruchtete, feuerte man in die Reihen der der Bauern und ließ sie gleichzeitig durch Reisige angreifen. In wilde Flucht löste sich nun der Haufen auf, eine Anzahl Todte und Verwundete zurücklassend. Sie wurden verfolgt und, als sie sich im Kirchhof zu Waldbittelbronn verschanzten, angegriffen, überwältigt und über hundert von ihnen auf die Festung geführt. Schmachvoll waren die adeligen Anführer entflohen. Von den eingebrachten wurden nur zwei, ein Bauer, welcher das Pferd des Reisigen beim Ueberfall in Niklashausen verwundet hatte, und jener andere, der sich gerühmt hatte, daß ihm die Dreieinigkeit erschienen sei, zur Strafe zurückbehalten, die übrigen durften heimkehren. Nun wurde dem Pauker der Prozeß gemacht. Die Anklage lautete auf Ketzerei und Zauberei, das Urteil auf den Tod durch das Feuer. Am 19. Juli 1476 wurden zuerst seine zwei Genossen vor seinen Augen enthauptet. Voll Angst und Entsetzen sah er dem Schauspiele zu und fragte den Henker: „Willst du mir nun auch so thun?" „Nein", antwortete dieser, „dir ist ein anderes Bad bereitet." Er wurde an einen Pfahl gebunden, der mit einem Holzstoß umgeben war. Als das Feuer angezündet wurde, begann er ein Marienlied zu singen, brach aber bald in laute Schmerzensrufe aus, welche der Rauch in

kurzem erstickte. Er endete ohne Mut und Würde: in der Unter=
suchung legte er sich auf das Leugnen, beim Sterben auf das
Klagen. Die Teilnahme, welche eine mutige und standhafte Ver=
antwortung erweckt hätte, blieb ihm deshalb versagt. Mit Recht
zogen aus seinem letzten Benehmen Augenzeugen den Schluß
zur Verurteilung seines Werkes. Wäre es von Gott gewesen,
steht im Ratsbuch der Stadt Würzburg verzeichnet, „so gestünde
er der Rede, die er vor viel tausend Menschen getrieben hat, der
er, Furcht halben seines Lebens, alles in Leugnen stehet. Es
haben das aber die lieben Zwölfboten und andere heilige Mär=
tirer nit getan. Was sie gesagt, haben sie nicht widersprochen
und sein darumb gestorben." Das Laufen nach Niklashausen
hörte erst allmählig auf, als dies durch strenge Verbote und
Strafen untersagt war und der Erzbischof von Mainz zuerst die
Dorfkirche geschlossen und mit dem Interdikt belegt und schließlich
als eine „Pflanz= und Zufluchtsstätte des Irrtums" hatte nieder=
reißen lassen. Es ist unglaublich, bis auf welche Entfernung der
Prophet aus dem Taubergrund gewirkt hat. In Sachsen und
sogar in Bayern spürte man seinen Geist unter dem Landvolk:
ja selbst im damaligen Rom empfand man einen leisen Schauer
vor dem fränkischen Bauernjungen. Daß ein solcher Mensch in
kurzer Zeit eine tiefgehende und schnell sich ausbreitende Bewegung
hervorzurufen vermochte, war in Deutschland unerhört, wirft aber
ein helles Licht auf die Zustände und den Geist der Zeit. Man
traute seinen mystisch=demokratischen Verheißungen und übersah
das tolle Blendwerk, mit dem er täuschte, weil seinem scharfen
Tadel in vielen Dingen die Wahrheit zur Seite stand. Wie
die Not gehoben, die vielen Schäden gebessert werden sollten und
könnten, wußte Niemand, auch der Pauker nicht. Aber schon das
Eine, daß er Wandel schaffen wollte und daß er die Uebel auf=
deckte, verschaffte ihm den großen Beifall. Scheitern mußte er
und scheitern seine Pläne an seiner eigenen Unklarheit und der
seiner Zeit. Der Retter aus der Not hätte aus ganz anderm
Stoff zusammengesetzt sein müssen. Denn kläglich war sein Ende
und kläglich, was er als Bild der besseren Zukunft sich vorstellte
und versprach. Es fehlte ihm die Selbständigkeit der Anschau=

ung, die Sicherheit der Ueberzeugung und die Unerschütterlichkeit des Charakters.

Zunächst drang ihm nicht aus der eigenen Seele, was er sagte. Der Begharde oder Predigermönch aus einem deutsch= böhmischen Dorf hatte sich den Pauker zum Werkzeug erkoren. Der erregbare Junge, der bekannte und gewandte Spielmann und Sänger schien ihm, nicht mit Unrecht, die richtige Mittels= person, durch die sich die husitischen Lehren unter das fränkische Landvolk am leichtesten und besten leiten ließen. Rasch faßte der gelehrige Schüler den Stoff und ersetzte, was ihm an Bildung abging, durch Lebhaftigkeit und Begeisterung. Nur diese persön= lichen Eigenschaften und was von ihnen gewirkt wird, sind an dem Pauker originell, die Grundgedanken dessen, was er vortrug, stammen aus Böhmen, sind taboritisch. Die destruktiven Lehren des Paukers decken sich mit denen des radikalen Taboritentums in Böhmen, konnten aber für die Dauer einen Boden in Deutsch= land nicht finden. Sein Anstoß wirkte rasch, ja plötzlich, aber nicht auf lange Zeit; die Bewegung in Deutschland nahm eine andere Richtung und Gestalt. Schon der erste Punkt seiner Lehre, durchaus taboritisch, Papsttum und Kaisertum zu verwerfen wurde nach wenig Dezennien vom süddeutschen Bundschuh aus= drücklichst abgelehnt: Kaiser und Papst sollten vielmehr die ein= zigen Gewalten auf weltlichem und geistlichem Gebiete werden, wenn die Reform in ihrem Sinne durchging. Böhm wollte ein Reich Gottes auf Erden stiften, den Unterschied der Stände abschaffen, das Sondereigen aufheben und einen communistischen Staat gründen, wie es die Taboriten beabsichtigten und Ziska zum Teil durchgeführt hatte. Allein abgesehen davon, daß das Ende des taboritischen Ideales in Böhmen nicht zur Nacheiferung anspornte, fehlte dem Charakter der deutschen Bauernschaft die Ueberspanntheit des taboritischen Radikalismus.

Dennoch verwehte der Wind den ausgestreuten Samen nicht spurlos. Die Idee des Communismus wucherte unter dem Land= volke fort, d. h. sie erzeugte Reformgedanken und Reformversuche im deutschen Sinne und den deutschen Agrarverhältnissen ent= sprechend. Es blieb der Satz Böhm's, daß die „Fisch in dem Wasser und das Wild auf dem Felde sollen gemein sein", bestehen

und wurde noch ausgedehnt auf Wunne,[1] Weide und Wald, d. h.
die deutschen Bauern verlangten jetzt ihre verlorenen Markrechte
wieder. Neben dem Sondereigen waren bis ins 15. Jahrhundert
herein in den meisten Gegenden Deutschlands Wald und Weide,
Wege und Wasser, Moore (Möser) und Heiden Gemeineigen
geblieben, an dem jeder Dorfgenosse seinen Anteil hatte. Die
Grundherrschaften hatten aber, wie im Eingang gezeigt worden
ist, die bäuerlichen, vollfreien Grundbesitzer zu verdrängen verstanden und die Markrechte, also jenes Gemeineigen, sich ange-
eignet oder wenigstens die ausschließliche Verfügung darüber zu
ihrem Vorrechte gemacht. Zuerst war das Jagd- uud Fischerei-
recht verloren gegangen, das erstere ist schon in den Landfrieden
von 1395 und 1398 nur noch den Fürsten, Grafen und Herren,
der Geistlichkeit und den Reichsstädten zugesprochen. Aehnlich
erging es mit der Fischerei und mit dem Nutzungsrecht an Wald
und Weide. Es leuchtet ein, daß diese Umwandlung und Ent-
ziehung früherer Rechte zu einem täglich empfundenen Verlust
und Nachteil jedes einzelnen Bauern werden mußte. Zu ihrem Vergnügen hegten die Herren das Wild, welches den Samen abfraß und
die Felder verheerte. Die Selbsthilfe war dem schwer getroffenen
Bauern nicht gestattet und auf seine Klagen wurde nur selten
ein Gewicht gelegt. Auf die gemeinen Weideplätze hatte er früher
sein Vieh in der guten Jahreszeit getrieben und dadurch viel an
Futter erspart; jetzt verwehrte ihm dies der Grundherr entweder
ganz und gar oder er gestattete es nur gegen eine Leistung in
Geld oder anderer Art. Im Wald durfte der Bauer früher
sein Bau- und Nutzholz unentgeldlich schlagen, jetzt mußte er
auch dafür zahlen. Es war ganz natürlich, daß die Erinnerung
an diese verlorenen Rechte den lautesten Widerhall bei der ländlichen Bevölkerung fand. Stimmte ihr doch, wenn auch vereinzelt
dastehend, hierin ein Mann wie Gabriel Biel bei, der es für
eine Ungerechtigkeit erklärte, daß die Obrigkeiten ihren Unterthanen die alten Rechte an Wald, Wasser und Weide verkürze
oder ganz nehme, und daß die Gutsherren den Bauern keinen

---

[1] Wunne = durch Sichel und Sense zu gewinnendes oder abzuweiden-
des Gras. Schmeller-Frommann.

Erſatz für den Wildſchaden leiſten oder ihnen das Wild zu
ſchießen verwehren wollten.[1]) Die klare und beſtimmte Rück=
forderung derſelben, welche Böhm zuerſt in Deutſchland ausſprach,
verſtuumte ſeitdem nicht mehr; ſie iſt die größte und beinahe
die einzige Nachwirkung der Predigt des Niklashauſer Propheten
geweſen, und zwar keine unfruchtbare. Das Jahr 1476 wurde
in dieſer Beziehung zu einem bedeutungsvollen Wendepunkt in der
nicht mehr zum Stillſtand gebrachten agrariſchen Bewegung, die
hierin wenigſtens dieſe eine Klärung gewonnen, dieſes eine poſitive
Ergebnis erreicht hatte. Soweit die radikalen Auswüchſe, die
gefährlichen Phantaſtereien des Taboritentums vom deutſchen
Landvolk abgewieſen wurden, muß man in dieſer Beſchränkung
der ſocialen Frage eine heilſame und geſunde Reaktion erblicken,
welche eine Gewähr für die Durchführung einer maßvollen und
berechtigten Reform auf den erſten Blick zu leiſten ſcheint. Aber
ſelbſt dieſe Beſchränkung auf die Wiederherſtellung der alten
Markrechte führte doch wieder mit Notwendigkeit zur Revolution,
nicht zur Reform; denn die letztere war ſelbſt auf dieſer Grund=
lage unmöglich. Das Beſitzrecht der Grundherrſchaften, auf
welche Weiſe es auch entſtanden ſein mochte, ließ ſich nur durch
eine gewaltſame Umwälzung wieder außer Kraft ſetzen und die
Wiedereinführung der Markgenoſſenſchaft wäre ebenſowenig auf
friedlichem Wege möglich geweſen. So lag ſelbſt in dem geringen
Reſte von dem], was aus der Niklashauſer Wallfahrt ſich als
nachhaltig erwies, ohne Zweifel der Keim der ſocialen Revo=
lution.

Bald da bald dort blitzt es ſchon wie Wetterleuchten am dunkeln
Himmel auf: das waren die Vorboten des Gewitters, das ſich
immer dichter und ſchwerer zuſammenzog. Beſonders im Süd=
weſten Deutſchlands, wo die Agrarverhältniſſe, die wirtſchaftliche
und kulturelle Entwickelung und die Nähe der Schweiz zuſammen=
wirkten. Nirgends in deutſchen Landen hatte die Güterverteilung
und die Kleinſtaaterei eine ſolche Ausdehnung erlangt wie hier.
Herrſchaft ſaß bei Herrſchaft meiſt in der Selbſtändigkeit eines

---

[1]) Biel ſtarb 1495. Sein Hauptwerk collectorium sententiarum er=
ſchien 1501 zu Straßburg.

unabhängigen Reichsstandes: ein über ein großes Territorium
gebietender Landesherr, der die Grundherrschaften im Zaum
gehalten hätte, fehlte. Das ehemalige große Herzogtum Schwaben
war in eine Unmasse kleiner Gebiete auseinander gefallen; im
größten derselben, dem Herzogtum Würtemberg, waltete in Bälde
ein gefährlicher Tyrann. In solcher Lage schaute das Landvolk
auf die Bürger= und Bauernfreiheit der benachbarten Schweizer
mit wachsender Begierde, sie nachzuahmen[1]). Dort hatten die
Thalgemeinden es verstanden sich ihre alten Freiheiten zu erhalten;
die nämlichen hatten auch in Schwaben bestanden, waren aber
von den Grundherrschaften aufgehoben worden: Grund genug
für die geistig lebhafte Bevölkerung ihre Emancipation als
unverrücktes Ziel im Auge zu behalten und selbst auf gewaltsame
Weise durchzusetzen. Nebendem übte auch das Bürgertum, das
sich in den Städten Ulm, Augsburg, Kolmar, Straßburg und
andern bedeutsam und vielseitig entwickelt hatte, seinen Einfluß,
wie nicht minder, was bedeutende Männer wie Geiler, Brand,
Bebel, zu geschweigen der kleineren Geister, in Wort und Schrift
zum Volk in seiner Sprache redeten. Es kann also die Wahr=
nehmung nicht überraschen, daß gerade im südwestlichen
Deutschland immer wieder die Versuche auftauchten die Lage
des Bauernstandes günstiger zu gestalten und daß der Hauptheerd
dessen, was man die Vorspiele der socialen Revolution genannt
hat, in diesem Teile Deutschlands zu finden ist.

3. Neues Wetterleuchten.

Die Reihenfolge der Begebenheiten führt uns zunächst an
den Lech, welcher Schwaben seit alter Zeit von dem Herzogtum
Bayern trennte. Die Bauern, welche am schwäbischen Ufer
desselben wohnten, gehörten verschiedenen Herren; auch die
bayrischen Herzoge besaßen Unterthanen unter denselben. Im
Jahre 1486 erhoben sie sich, angestiftet von einem Augsburger
Prediger, der nach den geringen Nachrichten, die über ihn erhalten
sind, gegen das Papsttum, besonders gegen Gregor VII. und

---

[1]) Roscher, Geschichte der Nationalökonomik S. 21.

gegen die Geistlichkeit aufregende Worte unter das Volk warf. Zweierlei Forderungen stellten sie. Sie wollten die kirchlichen Abgaben auf den Levitenzehnten beschränken und die Abgaben an ihre Grundherren in eine Geldleistung umwandeln d. h. den Zehnten abschaffen und einen fixirten Bodenzins einführen. Ferner verlangten sie, ihre Richter selbst und zwar aus ihres gleichen wählen zu dürfen: sie wollten also in dieser Zeit der Rechtsunsicherheit und der allgemeinen Abneigung gegen gesetzte Richter ohne Umschweif zur altgermanischen Gerichtsverfassung und Rechtsprechung zurückkehren. Merkwürdig ist, daß die Augs= burger Jahrbücher eines Sender und Gasser nichts von dieser Erhebung berichten. „Im 1486. Jar — erzählt eine chronistische Aufzeichnung[1]) — ist auch ain Bayerischer Aufrur gewesen. Die Pauren stunden auf und wolten den Geistlichen nit mehr, dann (als) den Zehnten geben, und jeder seinem Herrn nit mehr, dann zwainzig Pfennig und ein(e) Hennen; und wolten nur vier Gericht des Jars. Und wolt ain jeder Fleck von den ihren dreizehn Männer haben, die solt man wählen und darzu nehmen und aller Gebot und Urteils erwarten. Die dreizehn wolten sie ihren Herrn schicken, daß sie darunter einen Ammann oder Richter erwelet (erwählten), der bei den zwölfen säß. Das hat ain Maister zu Augspurg geprediget und auf die Bahn gebracht, der hieß Maister Matheis Korsang“[2]). Natürlicher Weise gingen die Herrschaften auf diese Forderungen nicht ein, sondern ließen ihre armen Leute durch Gelehrte aus der heiligen Schrift, dem kaiserlichen und päpstlichen Recht über ihre „Gerechtigkeit“ d. h. Rechtsansprüche belehren und mit Drohungen zum Gehorsam

---

[1]) Hormayr, Taschenbuch für die vaterländische Geschichte Jahrg. 1834, S. 147. Meine Bemühungen näheres zu erfahren waren bisher erfolg= los, bes. auch in Betreff des Magister Math. Korsang. Manches ist in dem angeführten Bericht räthselhaft; ich werde hierüber an einem andern Ort zu reden haben.

[2]) Von diesem Matthäus Korsang berichtet v. Stetten, Geschichte der Reichsstadt Augsburg I S. 55 nach Crusius, Ann. Sueviae lib. paral. C. XVIII, er habe zu Zeiten Heinrichs IV. diesen Kaiser wider den Papst in Predigten und Schriften öffentlich vertheidigt und deßwegen beinahe einen Aufruhr unter dem gemeinen Mann angerichtet. In der Zeitangabe irrt Stetten gewaltig, denn Korsang gehört ins 15. Jahrhundert.

auffordern. Daraufhin rottirten sich die Bauern geführt von einem Heinz von Stein. Die Bauern wurden geschlagen: „der Adel und die ordentlich Obrigkeit lag ob". Den Hauptmann der Bauern fing man, „der sagt ihnen alle der Bauern Geheimnisse und Anschläg, die sie hatten". — Also auch hier ein kaiserlich gesinnter Geistlicher, der gegen die Ansprüche der Hierarchie das weltliche Recht vertritt; auch hier die naturgemäße Verbindung kirchlicher und weltlicher Forderungen; auch hier das Verlangen nach Autonomie; endlich auch hier die absolute Weigerung seitens der Herren, auch nur das geringste Zugeständnis zu machen Obwohl wir über den Anstifter dieser Bewegung so viel wie nichts wissen: das ergibt sich doch mit Sicherheit, daß auch er zu der großen Zahl jener ernsten Männer gehörte, welche unentwegt eine „Reformation an Haupt und Gliedern" verlangten und sich von dieser Forderung durch nichts, auch nicht durch die diplomatischen Kunststücke der Hierarchie abbringen ließen. Kaum fünf Jahre darnach (1491) erhob sich lang verhaltener Unwille in der nächsten Nachbarschaft dieser Gegend. —

Im Gebiete der Abtei Kempten war die Bauernquälerei seit langem heimisch; dort wurde sie systematisch betrieben[1]). Die geistlichen Herren dieser Landschaft übertrafen noch die weltlichen in der Verschlagenheit und Hinterlist, ihre Unterthanen um Recht und Freiheit zu betrügen. Als in den achtziger Jahren des fünfzehnten Jahrhunderts der Abt Johannes die Regierung übernahm, glaubten manche durch sein versöhnliches Auftreten bewogen, er werde durch gerechtes Regiment das viele und grobe Unrecht seiner Vorgänger gut und vergessen machen; aber bald „verwandelte sich das Schaf in einen Wolf". Er überbot noch das Verfahren früherer Aebte, die freien Bauern zu Zinsern und die Zinser zu Leibeigenen herabzudrücken. Wer sich gegen diese tyrannische Willkür sträubte, wurde vom geistlichen Gericht so lange gequält, bis er nachgab oder Haus und Hof verließ. Die Zinser, welche ein Gotteshausgut in Pacht nahmen, mußten sich zu unerschwinglichen Lasten bequemen. Die freien Leute

---

[1]) Haggenmüller, Geschichte der Stadt und gefürst. Grafschaft Kempten I, 408 ff. Zimmermann, Geschichte des großen Bauernkriegs I, 14.

betrog man um ihre Freiheit, wo man konnte; vater- und
mutterlose Waisen wurden ihres Erbes beraubt und samt ihren
Vormündern gezwungen sich in die Leibeigenschaft zu verschreiben.
Leibeigene beerbte nach ihrem Tod der Abt zur Hälfte. Die
Zinsen und Steuern wurden nach Willkür ins Ungemessene
erhöht und was sonst des Unrechts noch mehr war. Den
Klagen hierüber setzte man mit schamloser Offenheit die Rede
entgegen, der Abt mache es nur wie andere Herren. In den
Jahren 1489—91 brach dazu noch Teurung und Hungersnot
herein infolge einer Mißernte, die bis über den Rhein hinüber
sich erstreckte, und trotzdem forderte der Abt eine neue, jetzt
unerschwingliche Steuer. Die erschöpfte Geduld trieb nun die
Unterthanen zum Aufstand, d. h. sie beschlossen zwar aufs neue
den Rechtsweg einzuschlagen, aber diesem Versuch durch bewaffnete
Vereinigung mehr Nachdruck und Ernst zu verleihen. Im
November 1491, während ihr Herr abwesend war, versammelte
sich die ganze Landschaft an der alten Malstätte zu Luibas und
pflegte Rats, „wie sie sich mit einander vereinen möchte, Recht
zu begehren von Herren und Städten des schwäbischen Bundes,
damit sie bei den Stiftbriefen geschützt würde". Das Bündnis
wurde beschworen, bei Durach bezogen die Bauern ein Lager.
Die Stadt hielt zu ihnen. An ihrer Spitze stund ein Hauptmann, Jörg Hug von Unterasried, den der Abt den „Hus von
Unterasried" nannte, weil er mit kluger Rede die Sache der
Bauern vor dem schwäbischen Bunde vertrat. Allein letzterer ließ
sich nur mit Mühe bewegen, die Klagen der gepeinigten Bauern
anzuhören und sein Entscheid fiel lediglich zu Gunsten des
Bedrückers aus. Kein Wunder, daß die Bauern sich entschlossen
ihre Sache vor den Kaiser zu bringen. Ihr erster Abgesandter,
Heinrich Schmid von Luibas, wurde aber unterwegs nieder-
geworfen und verschwand spurlos; sei es daß der Abt ihn
sogleich töten ließ oder daß er in einem dunkeln Verlies langsam verschmachtete. Mehr Glück hatte der zweite; er drang bis
zum Kaiser vor und kehrte nach langer Zeit unversehrt heim.
Obwohl der Abt zur Verantwortung vor den Kaiser geladen
war, mischte sich der schwäbische Bund wieder in die Sache, zog
sie Monate lang hin und ließ zuletzt die Nichtsahnenden von

Reitern und Fußgängern in ihren Behausungen überfallen, sie zum Teil gefangennehmen und an Hab und Gut beschädigen. Auf 30000 Gulden wurde der vorgeblich angerichtete Schaden geschätzt. Hernach wurde abermals ein Tag von Bundes wegen in Memmingen gehalten. Neben den Bundeshauptleuten und einer Anzahl von Bundesräten erschienen der Abt und sein Convent einerseits und zweihundertzweiundfünfzig Vertreter der Landschaft aus den Dörfern andrerseits. Der gütliche „Austrag", der getroffen wurde, war dem Abte weit günstiger als seinen Unterthanen. Von den unrechtmäßigen Lasten wurde im Grunde keine hinweggenommen, gegen neue Gewaltthaten keine schützende Schranke aufgerichtet. Das Schiedsgericht von sechs unparteiischen Männern, welches bestellt wurde, die Klagen und das Verhältnis der streitenden Parteien in Ordnung zu bringen, war höchstens geeignet die Angelegenheiten ins Unendliche zu verschleppen: eine Aenderung oder Besserung ließ sich nicht von ihm erwarten. In der That blieb so ziemlich Alles beim Alten. „Der Abt setzte die früheren Bedrückungen fort, ließ sich bei Verleihung der Bestandgüter über die angemaßten Rechte Verschreibungen von Freien und Zinsern ausstellen; Zinser, welche wegen eines Vergehens zur Strafe gezogen wurden, mußten sich zu Fall- und Hauptrecht verpflichten; man zwang Zinserinnen sich als Leibeigene, freie Frauen sich in die Zinserschaft an das Gotteshaus zu ergeben und die Vogtleute zur Zahlung eines erhöhten Schirmgeldes". So wurde das Letzte beinahe ärger als das Erste. Für den Augenblick hatte man den Widerstand gebrochen, aber der Gedanke ihn zu erneuern erfüllte alle. Löste bei irgend einer Gelegenheit der Wein die Zunge, dann kam es zu Tage, daß man unablässig darauf sann, „mit dem Abte abzurechnen", ja man wagte es dann sogar wieder das Zeichen des Aufruhrs, den Bundschuh, aufzupflanzen, wie es bei einer Hochzeit in der Vorstadt Kempten bald darnach geschah[1]). Zündstoff war mehr als genug vorhanden; ihn wegzuräumen fiel weder Abt noch Convent ein; im Gegenteil, im Uebermut wurde er vermehrt, als ob es keine Gerechtigkeit und keinen Tag der Rache geben

---

[1]) Haggenmüller, a. a. O. S. 415.

Vogt, Vorgesch. d. Bauernkrieges. 8

könne. Wir werden aber sehen, daß dieser Tag doch hereinbrach; freilich erst nach Dezennien war das Maß voll. Es wäre nichts Erstaunliches gewesen, wenn diese Kemptener Bauern schon jetzt zu den Waffen gegriffen hätten. Sie thaten es nicht; aber andere ließen sich nicht so lange foltern.

Im Jahre 1486 verursachte, wie schon angedeutet worden ist, eine Mißernte durch ganz Deutschland eine große Theurung, welche sich in den folgenden Jahren in einigen Gegenden bis zur Hungersnot steigerte. Das Mitleid der Herren milderte nur in seltenen Fällen die Not ihrer Unterthanen. Unbarmherzig wurden die Abgaben verlangt, obwohl sie nicht zu erschwingen waren. Die Erbitterung erzeugte den Gedanken an Widerstand und Bündnisse der Notleidenden und Unterdrückten. Um Schlettstadt begegnete man im Jahre 1493 einer solchen schon mächtig angewachsenen Vereinigung,[1]) die nicht blos Bauern, Unterthanen des Bischofs von Straßburg, umfaßte, sondern auch Bürger, selbst den Bürgermeister Hans Ulmann von Schlettstadt; sie reichte von Andlau bis Villé. Aus dieser ganzen Gegend hatten sich die Bauern dem Bunde angeschlossen, darunter „viele verdorbene Leute, die sich zu heimlichen Anschlägen mit Eiden verpflichteten." Am einsamen Hungerberg hielten sie ihre Zusammenkünfte; der Ort war nicht ohne Absicht gewählt. Es war auf große Dinge abgesehen. Als Bundeszeichen wurde ein Banner mit dem Bild des Bundschuhes gewählt, „damit der gemeine Mann zuliefe". Ganz Elsaß sollte in den Bund gebracht werden und wenn er auch dann noch nicht stark genug wäre seine Pläne durchzusetzen, sollten die schweizerischen Eidgenossen herbeigerufen werden. Die Pläne selbst waren weitgreifend und ihrem Wesen nach demokratisch, wohl nach schweizerischem Muster. Das bestimmter sich gestaltende Programm ist ein Anzeichen des fortschreitenden Prozesses. Im Vordergrund steht die Ausrottung der Juden, dann sollte ein Jubeljahr eingeführt, Zoll und Umgeld aufgehoben und alle Schuldbriefe vernichtet werden. In

---

[1]) Chronik von M. Berler im code historique et dipl. d. l. ville d. Strassbourg I, 104. Zimmermann, Geschichte des großen Bauernkriegs I, 19 ff.

Zukunft solle das Volk nach eigener freier Bewilligung steuern und jede Gemeine sich selbst richten: also auch hier die Selbst= verwaltung und das Volksgericht. Das geistliche und weltliche Recht war gleich verhaßt; darum seien abzuthun „erstlich alle Prozessen, Mahnbrief, Ladbrief oder Bannbrief des geistlichen Rechts zu Straßburg, darnach das kaiserlich Hofgericht zu Rott= weil. Auch so sollten todt und ab sein alle unverzogen Recht."[1] Nebendem wollten sie an die allgemein empfundenen Mißstände in kirchlicher Hinsicht die Hand anlegen. Aber sie forderten nicht nur die Abschaffung der Pfründenhäufung in ihrem fünften Artikel: „Welcher Pfaff mehr dann eine Pfründ hätte, dem sollten sie genommen und ihm nicht weiter, dann des Jahrs fünfzig oder sechzig Gulden gegeben werden," sondern sie griffen auch kirchliche Institute in kühner Weise an mit dem Verlangen, die Klöster „abzuthun", und die kirchliche Lehre durch die Ver= werfung der Ohrenbeichte.[2] Die Anklänge dieser Forderungen an die Reformation des Kaisers Sigmund sind nicht zu ver= kennen.

Man sieht, diese Elsäßer Bauern dachten in ihren Versamm= lungen an eine Veränderung von Grund aus und zwar auf gewalt= samem Weg; anders wäre das auch bei ihrer Absicht nicht möglich gewesen. Zunächst wollten sie sich, um einen festen Platz und die nötigen Mittel zu gewinnen, in den Besitz des wohlbefestigten Schlettstadt setzen und dort das städtische Vermögen und den Besitz der Klöster an sich reißen. Von diesem Mittelpunkte aus konnte dann, so meinten sie, das Werk weiter fortgesetzt werden. — In der Charwoche wollte man zuerst Schlettstadt nehmen. Allein bevor dies geschah, war der Anschlag durch Verrat oder Ausplauderei zu nichte gemacht. Die Verschworenen wurden gefangen genommen, soweit sie sich nicht im letzten Augenblick durch die Flucht in Sicherheit brachten. Die Strafen waren schwer: Enthauptung, Landesverweisung, Verstümmlung an

---

[1] verzügen (verziugen) mit Zeugnis überwinden, überführen. Sachsen= spiegel I, 7,46. ed. Weiske=Hildebrand Glossar S. 193. Also unver= zogen = nicht bewiesen, unbewiesen, unbezeugt.

[2] Siehe die fünf (offenbar nicht vollständigen) Artikel bei Schreiber, der Bundschuh zu Lehen. S. 43.

8*

Händen und Fingern. Der eine der Führer, ein Bauer Namens
Claus Ziegler, wurde zu Schlettstadt gevierteilt; den andern, den
schon genannten Bürgermeister Ulmann, traf das gleiche Loos
zu Basel. Furchtlos starben die beiden und in der festen Ueber=
zeugung, daß der Tag der Rache kommen werde und keine Gewalt
das Werk hindern könne, welches nach ihrer Ansicht unabwendbar
war. „Man sagt — erzählt Matern Berler — daß diese beid
an ihren letzten Enden hätten gesprochen: Der Bundschuh müßt
ein Fürgang haben, es stund lang oder kurz (an)." In dieser
ahnungsvollen Ueberzeugung lag nicht blos ein Trost für diese
Unglücklichen im Tod, sondern auch etwas Bewundernswürdiges
für den Zuschauer. —

An den sogenannten Käse= und Brodvolkkrieg[1]) muß
an dieser Stelle auch erinnert werden, obwohl er nur eine be=
waffnete Volkserhebung gegen unerträglichen Steuerdruck ist und
uns bis hinab in die Niederlande führt: er fällt in das Jahr 1492.
Als der nachmalige Kaiser Maximilian I. zur Unterhaltung seiner
Reiter von den Niederländern neue Steuern forderte, erhoben
sich die Westfriesen, Kennemern und Waterländer, da sie sich
außer Stand fühlten zu bezahlen. Denn infolge der fortwährenden
Kriege war die Bevölkerung verarmt und Maximilian hatte
gegen das Recht den Geldwert um ein Drittel herabgesetzt.
Die Unzufriedenen, welche sich in Alkmaar sammelten, führten ein
Brod und einen Käse in ihrer Fahne. Durch das Versprechen
des Statthalters Johann von Egmont, die verhaßte Steuer
werde zurückgezogen werden, ließen sie sich beschwichtigen. Als
aber dies nicht geschah, griff Alles zu den Waffen. In Haarlem
öffnete der Säbel dem wütenden Bauernvolk die Thore, während
die Bewohner von Leyden sich tapfer und mit Erfolg der Ein=
nahme ihrer Stadt erwehrten. Da rückte Albrecht von Sachsen
mit Heeresmacht heran; vor dem Schrecken seines Namens schon
beugten sich die Aufständischen und streckten die Waffen. Der Schluß=
akt war nun auch hier wie anderwärts Demütigung und Strafe.
Barfuß und mit einem Strick um den Hals mußten die Abge=
ordneten der Dörfer und Städte ihren Frevel abbitten, außerdem
aber alle Beteiligten eine ungeheure Geldbuße leisten. —

---

[1]) Wenzelburger, Geschichte der Niederlande I, 387.

Die Abtei Ochsenhausen lag in Oberschwaben an dem Flüßchen Rottum, das von Süden her der Donau zufließt. Sie hatte viele Hintersaßen, gegen welche die Aebte und ihre Beamte sich mannigfache Uebergriffe zu schulden kommen ließen, ohne daß es trotz mancher Späne zu größeren Händeln gekommen wäre. Als aber 1497 die Schwiegermutter des Heinz Dinkmuth starb [1] und „merklich Hab und Gut, namentlich auch eine merkliche Summe Gelds in einem Säcklein" hinterließ, da nahmen die Amtleute des Abts die ganze Hinterlassenschaft, obwohl die Tochter der Erblasserin, nämlich die Ehefrau des genannten Heinz Dinkmuth, noch am Leben war. Dieser ließ die brutale Rechtsverletzung nicht ruhig geschehen, sondern rief den Rat der nahe gelegenen Reichstadt Ulm als Schiedsrichter an. Bei der Untersuchung kamen schlimme Dinge über unberechtigte Ansprüche auf den Heuzehnten, auf Bezahlung des Brenn= und Bauholzes an's Licht, besonders aber daß die letzten vier Aebte das alte Herkommen in Erbschaftssachen umgestoßen und ihnen nicht gehörendes Eigentum an sich gerissen hätten. Die Verteidigung des Abtes war kläglich, den Eid, den er auf seine vermeintlichen Rechte leisten wollte, nahm mißtrauisch die Klagpartei nicht an und wendete sich an den schwäbischen Bund, mit ihr 500 Gotteshausleute, die sich aus 38 Ortschaften nächtlicher Weile unter den Waffen zusammengeschworen hatten, „um die mancherlei Irrungen und Späne, darinnen sie ohne Entscheid mit dem Abt hingen, zur Entscheidung zu bringen." Während des langen Rechtsstreites verweigerten sie alle diejenigen Abgaben, die sie als unberechtigte Forderungen anfochten, und trieben einmütig zusammenstehend die Vögte des Abtes mit bewaffneter Hand ab, so oft diese die beanspruchten Abgaben mit Gewalt eintreiben wollten. Es war nahe daran, daß es zwischen dem Abt, dem der schwäbische Bund Kriegsleute zuschickte, und seinen Unterthanen zum offenen Kriege gekommen wäre. Das energische Dazwischentreten der Städte Memmingen und Ulm verhinderte dies; die Ulmer aber erklärten rundweg: „Hinlegung der Irrung sei nur in Milderung der Beschwerden zu finden." Es kam zu einem

---

[1] Zimmermann a. a. O. S. 25 ff. Stälin, Wirtemberg. Gesch. IV, 93

118

geschriebenen Vertrag durch schiedsrichterlichen Spruch im Jahre 1502. Die Hintersassen mußten zwar barhaupt und barfuß allesamt vor dem Abt erscheinen und ihn fußfällig um Verzeihung bitten, neu huldigen und eine Geldstrafe zahlen, aber in der Hauptsache gewannen doch die Gotteshausleute. Alle Dinge, welche der Abt gegen das Herkommen bisher verlangt hatte, wurden ihm abgesprochen, in erster Linie die Beerbung; die Falllehen wurden in Erblehen umgewandelt, und jedem die freie Verfügung über seine fahrende Habe zugestanden. Es war ein seltener Fall, daß derartige Irrungen einen solchen Ausgang nahmen. —

Im nämlichen Jahre, in welchem die Gotteshausleute von Ochsenhausen sich gegen ihren Abt zusammenschwuren, wurde im Bistum Speyer eine schon weitverbreitete und viel gefährlichere Bauernverschwörung entdeckt. Sie trägt deutlich den Stempel an sich, daß sie eine Fortsetzung des Schlettstadter Bündnisses gewesen ist: der gleiche Geist beherrscht sie. Als Beweggrund ihres Vornehmens gaben die Führer die unerträgliche Last der Fronden an: sie seien so beschwert, daß die vierte Stunde der Arbeit ihnen nicht mehr gehöre. Im Bruchrain zu Untergrumbach nahe bei der bischöflichen Stadt Bruchsal war die Geburtsstätte eines Geheimbundes,[1] der in Schnelligkeit bis zu einer Anzahl von 7000 Männern — auch 400 Weiber gehörten dazu — anwuchs und auch Unterthanen der benachbarten Herrschaften umschloß. Die Erfahrung machte die Verschworenen klug und vorsichtig. Mit der größten Heimlichkeit betrieben sie ihr Werk, das nach Art der radikaler denkenden Rheinbauern nicht blos die Abstellung einiger Mißbräuche bezweckte, sondern von Grund aus dem gemeinen Manne helfen und Kirche und Reich umändern, wenn nicht stürzen sollte. Das Losungswort, an welchem die Bundeszugehörigen sich erkannten, drückte bündig ihre Absicht aus. „Loset — fragte man den Begegneten — was ist nun für ein Wesen?" Gab er die Antwort; „Wir mögen vor Pfaffen und Adel nit genesen", so wußte der Fragende, mit

---

[1] Geissel, der Kaiserdom zu Speyer S. 242 ff. Zimmermann a. a. O. S. 37.

wem er es zu thun habe. Die Verbrüderung nannte sich Bund=
schuh und wählte sich als Bundeszeichen eine blauweiße Fahne,
auf welcher das Bild des Gekreuzigten abgemalt war, auf der
einen Seite desselben ein Bundschuh, während auf der andern
ein Bauer kniete und die Hände emporhielt; darüber standen
die Worte geschrieben: „Nichts dann die Gerechtigkeit Gottes."
An der Spitze des Bundes befanden sich zwei Hauptleute, in
deren Hände alle den Eid der Treue und der unweigerlichen
Heeresfolge schwuren, sobald sie dazu aufgeboten würden. Die
uns erhaltenen Bundessatzungen gewähren den besten Einblick
in Geist und Wesen dieser Verbrüderung: „Den Bundschuh —
heißt es in denselben — haben wir zusammengethan, auf daß
wir frei sein mögen; drum wollen wir, wann wir in der Zahl
mächtig werden, alle Joch der Leibeigenschaft zerbrechen und mit
Waffen uns freien, weil wir Schweizer sein wollen. Wer in
den Bund geschworen hat, betet täglich fünf Vater unser und
ebenso viel Ave zum Gedächtnis der vornehmsten Wunden unsres
Herrn andächtiglich, knieend, auf daß Gott der Allmächtige unserm
Fürnemen Viktorie und Sieg verleihe. Unsere Schutzheiligen
sollen sein die Himmelskönigin und der h. Zwölfbote Johannes.
Alle Landsobrigkeit und Herrschaft wollen wir abtun und aus=
tilgen und wider dieselben ziehen mit Heereskraft und gewehrter
Hand unter unserm Banner; und alle, so uns nicht huldigen
und schwören, soll man todtschlagen. Niemals mehr wollen wir
Obrigkeit über uns dulden und Niemand Zins, Zehnt, Steuer,
Zoll noch ander Bete bezahlen, sondern uns aller dieser Be=
schwernisse auf ewiglich entledigen. Zuerst soll man auf den
Bischof von Speyer ziehen gen Bruchsal, weil die Hälfte dieser
Stadt unsre Eidgenossen sind; und ist Bruchsal, leicht wird es
geschehen, in unsrer Hand, dann trifft die Reihe den Markgrafen
von Baden, in dessen Land nichts geschont wird. Sind die
Fürsten und Edelleute gebrochen und ab, so geht der Zug auf
die Domherren, die Stifter und Abteien, die wollen wir gewalten
und austreiben oder todtschlagen samt allen Pfaffen und Mön=
chen; ihre Güter wollen wir teilen und die Dienstleute der
Kirchen unschädlich machen; auch wollen wir die Leutpriester
ringern, so viel man vermag. In eroberten Plätzen, sowie auf

120

der Wahlstatt nach der Schlacht, wenn uns Gott Sieg giebt, bleibt der Heerhaufen nicht über 24 Stunden liegen; er soll weiter rücken, bis alles gehorcht. Die Stifter, Abteien, Klöster und andere Gotteshäuser müssen fallen und ausbrennen. Zehnt, Zins, Gült und sonst Steuer, so den Pfaffen und Mönchen seither zugestanden, sind ab und tot für immer. Wasser, Wald, Waid und Haid, Wildbann, Vogeln, Birschen und Fischerei, so seitdem von Fürsten und Herren und Pfaffen gebannt gewesen, sollen frei und offen und Jedermanns sein, so daß jeder Bauer holzen, jagen und fischen mag, wo und wann er will, ohne Bann oder Hinderung, allzeit und überall. Zuletzt wollen wir auf die Stadt Speyer ziehen, sie mit Heereskraft gewalten, die Domherren und alle Pfaffen und Ratsherren und die Reichsten von den Burgern davon jagen; ihre Habe, fahrende und liegende, wollen wir teilen, und forthin soll im Münster, wie in den andern Gotteshäusern, aller Chorgesang schweigen, und nur ein Leutpriester mag dort die Messe singen und sagen. Wer nicht in unsern Bund schwört und sich ihm widersetzt, mit dem soll man machen, wie mit einem bösen Manne und Durchächter der Gerechtigkeit; er muß sterben ohne Barmherzigkeit. In Summa, wo wir getrauen etwas zu finden, das wollen wir sackmann machen.[1]" — Abschaffung der Fürsten und des Adels, der hohen Geistlichkeit und des gesamten Klosterwesens; Herstellung eines vereinfachten Gottesdienstes und eines Weltklerus ohne hierarchische Rangstufen; Aufhebung aller Sondervorrechte und Leistungen, unbeschränkte persönliche Freiheit des gemeinen Mannes; wilde Gier nach fremdem Eigentum und Verschleuderung desselben durch Verteilung; radikale Gleichmacherei und grausame Blutgier sind die Grundzüge dieses Programms, dessen Ausführung, wenn sie möglich gewesen wäre, zunächst die Welt in einen Trümmerhaufen verwandelt und dann eine wüste Anarchie herbeigeführt hätte. Die Armut an positiven Gedanken läßt dieses Programm als das Produkt der Unbesonnenheit und Unfähigkeit erscheinen, die erhitzte Leidenschaft hat jede Ueberlegung verdrängt. Nicht einmal darüber sprechen sich die Urheber aus,

---

[1] = rauben, plündern.

ob die beiden großen Gewalten der Welt, Papsttum und Kaiser=
tum, das Loos der kleineren Autoritäten teilen sollten oder nicht.

Am Vorabend des Georgitages 1502 sollten mit gewehrter
Hand die, welche zum Bund geschworen hatten, sich versammeln,
um Bruchsal zu überfallen. Aber bevor der Tag gekommen
war, hatte ein Verschworener, von seinem Gewissen gepeinigt,
dem Bischof Alles entdeckt. Dieser hatte schleunige Mitteilung
an den Kurfürsten von der Pfalz und die benachbarten Landes=
herren gemacht und mit ihnen energische Maßregeln getroffen[1]).
Ehe die Hauptleute und Rädelsführer des Bundes das geringste
ahnten, wurden sie nächtlicher Weile aufgehoben und in sicheres
Gefängnis gelegt. Die Uebrigen erschraken über das Geschick
ihrer Führer dermaßen, daß einige flohen, die meisten den
Bischof um Gnade anflehten. Bund und Verschwörung waren
dahin. Der Kaiser, dem genauer Bericht erstattet wurde, hielt
die strengste Strafe für geboten. In einem Mandat an den
Bischof befahl er: „Alle und jede, die in den Bundschuh
geschworen, sollen sterben, wenn es sich ausweist, daß sie sechzehn
Jahre alt und freien Willens waren, als sie den Schwur gethan".
Die Rädelsführer sollten geviertelt, ihre Kinder aus dem Land
vertrieben, die Hauptleute des Bundes durch Pferde zu Tod
geschleift werden. Wer irgend wie schuldig war, empfing seine
Strafe nach des Kaisers Befehl. Die Bauern ließ man meistens
laufen, weil sie verleitet worden seien. Gegen eine künftige
Wiederholung ähnlicher Verschwörungen traf der rheinische Kur=
fürst mit den benachbarten Fürsten Vorsorge auf einem Tag zu
Heidelberg (30. Mai.) Dennoch war dieser Geist nicht mehr
zu bannen.

------

4. Der Bundschuh zu Lehen und der arme Konrad.

Ein richtiges Gefühl beseelte diejenigen, welche die beiden
letzten Verschwörungen angezettelt hatten, daß man möglichst viel
Anhänger gewinnen müsse, um etwas auszurichten. Allein bis

------

[1]) Auf einem Fürsten= und Städtetag zu Schlettstadt am 29. April
1502. s. d. Abschied Janssen, Frankfurt. Reichscorresp. II, 667.

jetzt hatte der Mann gefehlt, der mit Klugheit und weitschauendem
Verständnis die Fäden gesponnen, mit rastlosem Eifer von Dorf
zu Dorf, von Landschaft zu Landschaft Genossen gesammelt und
überhaupt die Vorbereitungen, die ein Gelingen gewährleisten
konnten, getroffen hätte. In der Stunde der Entscheidung versagten
bisher die Werkzeuge und die Einrichtungen den Dienst. Ueber
Nacht entstanden, brachen die Verschwörungen im Elsaß und am
Bruchrain auch in einer Stunde kraft= und haltlos zusammen.
Der Gedanke dem vorzubeugen trieb einen Genossen der letzten
Unternehmung zu jahrelanger, unermüdlicher Thätigkeit an. Joß
Fritz aus Untergrumbach hatte aus seiner Heimat fliehen müssen[1]);
seine hervorragende Teilnahme an der Verschwörung verschloß
ihm die Rückkehr für immer. Aber er wollte sich nicht thatenlos
im Elend verzehren. Was einmal fehlgeschlagen war, mußte
nicht immer mißlingen. Mut und Ausdauer, Welterfahrung
und Vertrautheit mit dem Waffenhandwerk standen ihm bei.
Seit den Tagen des Niklashauser Paukers hatte keiner so
Großes sich vorgenommen wie Joß Fritz. Und dieser erfahrene
Kriegsmann war größer, umsichtiger, besonnener und mutiger
als jener Prophet aus dem Tauberthal. Nicht durch Zeichen
und Wunder, durch verzückte Predigten und weltstürmende Brand=
reden gewann er die Menge, sondern durch eine stille Wirksam=
keit, die von Haus zu Haus ging und im Geheimen einen
Genossen um den andern warb[2]). „Willst du — fragte er etwa
den, an welchen er sich gemacht hatte — uns auch helfen zu
der göttlichen Gerechtigkeit, so mußt du schweigen und davon
Niemand nichts sagen. Denn du siehest, wie es uns geht, und
daß wir heut um dies und morgen um das ander kommen und
daß man uns nit will lassen bei unsern alten Bräuchen, Rechten
und Herkommen“. Oder er versprach, falls der Angeredete zu
schweigen gelobe, ihm eine Sache zu eröffnen, die für ihn und
viel fromme Leute wäre, eine Sache, die göttlich, ziemlich und
recht sei. „Denn sie anders nichts handlen wollten, dann das,
so die heilig Geschrift inhielt und auch für sich selbs göttlich,

---

[1]) Schreiber, der Bundschuh zu Lehen, bes. d. Beilagen.
[2]) a. a. O. S. 74, 81.

billig und recht wäre". Lange Zeit hatte Joß Fritz sich unter
dem Volk auf dem Schwarzwald herumgetrieben, in Horb und
Villingen gelebt, in Lenzkirch oder Stockach sogar geheiratet.
Dann war er in den Breisgau gezogen und hatte in dem Dorfe
Lehen, nur eine Stunde von Freiburg entfernt, bei Balthasar
von Blumeneck die Stelle eines Bannwartes angenommen. Wer
ihn sah, ja sogar beobachtete und hörte, hätte kaum in ihm den
„rechten Ursächer" einer Verschwörung vermutet. Denn listig
und vorsichtig trieb er seine Sache, ein Beweis für seine Gegner,
daß er „aus argem Einsprechen des Teufels" seine „Bübereien"
übte. „Unter einem guten Schein" wußte er Gehör und Ver=
trauen der armen Bauersleute zu erschmeicheln, indem er seine
Reden oft und abwechselnd wiederholte und sich dabei ganz
einfältig stellte. Gewöhnlich begann er über die Zunahme der
Sittenlosigkeit zu klagen, daß „Gottesläftern, Zutrinken, Wuchern
Ehebrechen und ander Uebelthaten so mercklich überhand nehmen
und von den Obern nicht gestraft werden". Von dieser Saum=
seligkeit der Obern lenkte er das Gespräch dann geschickt auf die
Beschwerden des gemeinen Mannes gegen die Herrschaften. Die
ihm aufgelegten Lasten seien so groß, sagte er, „daß dadurch
am letzten ein schwer End begegnen und der gemeine Mann
selbs darein sehen muß". Denen nun, welche ihm zufielen,
nahm er das Versprechen des Stillschweigens ab und legte
ihnen dar, was geschehen müsse und „was ihnen zu Nutzen und
gut kommen möcht". Mit „süßer Rede angethan" überzeugte
er gar leicht, denn er wußte, „wo den armen Mann der Schuh
drücket und wo selbiger von Juden und anderen Wucherern,
von Advokaten und Beutelschneidern, von Fürsten, von adeligen
und geistlichen Herren allzusehr mit Lasten und Fronden be=
schwert worden". Auf diese Weise bereitete er sich den Boden
und fesselte die Bauersleute an sich, besonders solche, welche
„ihre Gemüter allweg auf viel Zehrung und wenig Arbeit
gestellt", auf jene verdorbenen oder wenigstens verschuldeten
Leute, die „ihre Güter mehr, dann sie ertragen mögen, versetzt"
und mit Pfändern und Schulden belastet hatten. Allmählich rückte
er dann mit „seinem alten Handel, mit dem Bundschuh" heraus;
diese Verbindung der Bauern, zeigte er, sei der einzige Weg zur

Besserung. Nach einem gleichzeitigen, ihm allerdings feindlich
gesinnten Bericht[1]) muß Joß Fritz eine außerordentliche Gabe
zu überreden hiebei an den Tag gelegt haben; ein Teil seines
Erfolges wird aber wohl der allgemein vorhandenen Empfäng=
lichkeit der Herzen für solche Worte zuzuschreiben sein. Er habe,
so erzählt unsere Quelle, seine Sache „so süß" vorzubringen
verstanden, daß jeder seiner Zuhörer „gemeint von Stund an
selig und reich zu werden". Mehr noch als diese Verführungs=
kunst versetzt sein Programm in Verwunderung. Es beweist,
daß er in der Verbannung das, was er wollte, tief durchdacht
hat: er war reifer geworden. Die Projekte von Untergrumbach,
Schlettstadt und Niklashausen überragt sein Verbesserungsplan
sehr weit. Seine Forderungen sind klarer und positiver und
deshalb dem Bereiche der Möglichkeit näher gerückt als jene;
von communistischer Ueberspanntheit halten sie sich frei. Die
göttliche Gerechtigkeit, die heilige Schrift, das alte Recht und
Herkommen, Schlagwörter, die er mit Vorliebe einfließen ließ,
waren verfängliche Begriffe, weil an sich gegen sie mit gutem
Grund nichts eingewendet werden konnte; sie waren Instanzen
von unerschütterlichem Ansehen. Im Hintergrund seines Zukunfts=
traumes steht nicht der Moloch der Anarchie, sondern eine
staatliche, kirchliche und sociale Ordnung, deren Bestand an sich
wohl denkbar war, deren Aufrichtung aber immer wieder durch die
Revolution bedingt wurde. Es wird klar, daß an dieser Klippe
jede Reform scheitern mußte. Staat und Kirche denkt sich Joß
Fritz als die beiden notwendigen und höchsten Gewalten, die
im Papst und Kaiser ihre Träger haben, aber nicht durch
Untergewalten ihm bedingt erscheinen; für geistliche und weltliche
Fürsten hat er keinen Platz, im letzteren Punkt erkennen wir
in Joß Fritz den Vorläufer des Wendel Hippler, des Vaters
des Heilbronner Entwurfes. Man soll, sagt jener, „keinen Herrn
denn Papst und Kaiser und vorab Gott haben". Die Fürsten sind
also abzuschaffen, die Geistlichen, lediglich ihrem Berufe zugewiesen,
sollen weiter nichts besitzen und empfangen, als was sie not=
wendig haben, die Pfründenhäufung wird verboten. Ihr Gut,

---

[1]) Schreiber, a. a. O. S. 45.

also das Kirchengut, sollte „unter ihren Hufen" d. h. gemein=
schaftlich unter das Volk ausgeteilt werden. Die Lasten des
landwirtschaftlichen Besitzes gedachte er auf das geringste Maaß
zu beschränken, ferner eine allgemeine Schuldenerleichterung nach
dem Muster der altrömischen Rogationen des Licinius dadurch
herbeizuführen, daß die schon bezahlten Zinsen von dem Kapital
abzuziehen seien oder, wie er sich selbst ausdrückt, daß „auch kein
Zins mehr" gegeben werden soll, „da der Zins so lang genossen,
daß das Hauptgut eingenommen wär" (das Kapital längst
zurückbezahlt worden wäre). Zugleich forderte er, an den Sack=
pfeifer aus dem Taubergrund anknüpfend, die alten Markrechte
wieder zurück: „die Holz, Feld, Wasser, Vogel, Jagen und der=
gleichen Sachen (sollen) den Armen und Reichen gemein (sein)".
Das „Rotweilisch, desgleichen geistlich Gericht" will er abschaffen,
dagegen das „göttlich Recht" in Kraft treten lassen. Von Ge=
waltthaten will er nur gegen diejenigen etwas wissen, die sich
seiner Reform widersetzen würden: „welcher ihrem Vornehmen
nicht Folge thun (würde), den wollten sie zu todt schlagen",
also die bestimmte Ahnung, daß es doch ohne Blutvergießen
nicht abgehen werde, obwohl es nachher auf „einen bestendigen
Friden in der ganzen Christenheit" abgesehen war.

Noch schwieriger als der Entwurf eines Programmes war
die Organisation des Bundes. Man muß es bekennen: Joß
Fritz war das Muster eines Parteigängers, ja eines Parteiführers.
Er besaß eine Geschicklichkeit und Ueberlegtheit, die ihn wahrhaft
gefährlich machte. Es ist sehr fraglich, ob selbst unter den
nachmaligen Bauernführern im Kriege des Jahres 1525 ein
einziger ihm gleichgestellt werden kann. Im Mittelpunkte der
Verschwörung stand er selbst zu Lehen im Breisgau; er entwarf
den Operationsplan und überwachte die Ausführung seiner Be=
fehle. Seine persönliche Haltung scheint sein Vornehmen wesent=
lich unterstützt zu haben; erklärte doch sogar der Pfarrer von
Lehen das, was Joß Fritz wollte, für ein „göttliches Ding",
denn die Gerechtigkeit würde dadurch befördert werden, und
Gott selbst wolle es. Auch habe man in der Schrift gefunden,
daß es Fortgang gewinnen müsse. Nach allen Seiten sandte er
seine Gehilfen aus als Boten des Geheimbundes zu wirken und

zu werben. Hieronymus, ein Bäckerknecht aus dem Etschland, ein weitgereister Handwerksbursche, lockte im Breisgau das Volk zum Bündnis. Unter den Missionären, die weithin ins Land zogen, zeichnete sich ferner ein Freiburger Namens Stoffel Veltlin aus, der über den Schwarzwald bis nach Ehingen in Schwaben seine Wanderzüge ausdehnte, daneben ein Enderlin „von Schwein=furt[1]) aus der Reichsstadt am Mayn", dann einer aus Bretten „aus des Pfalzgrafen Landen", Hans von Ulm „ein Sprecher", ein Straßburger Namens Heinrich und verschiedene Wirte in den Dorfschaften und Thälern[2]). Zu diesen ihm nahestehenden Emissären gesellte er äußerst geschickt eine Anzahl an sich ganz unverdächtiger Leute, die täglich ohne Aufsehen überall ein= und auszogen — fahrendes Volk, Hausierer, Pfeifer und Wander=burschen; und vor Allem die Landplage der damaligen Zeit, das Volk der Bettler, die förmlich organisiert und unter zehn Haupt=leute (Hauptmann=Bettler) gestellt wurden. Denen war nicht blos die Aufgabe zugewiesen für die Verbreitung des Bündnisses zu sorgen, sondern auch am Tag der Erhebung im „Elsaß, in der Markgrafschaft und im Breisgau Feuer anzulegen". Dieser ganzen Gesellschaft fehlte es nicht an einem äußerlichen Erkennungs=zeichen und einem Losungswort, das ganz ähnlich lautete wie das von Untergrumbach. Mit dem Allen aber hatte sich der erfinderische Geist dieser Verschwörung noch nicht erschöpft. Um unerkannt und ungestört zu sein, nahm man noch das Mittel der Verkleidung zu Hilfe. Jene Rädelsführer, welche Joß Fritz zunächst standen, hatten verschiedene Anzüge, die sie wechselten, um auf ihren Reisen nicht Verdacht zu erregen. Joß Fritz selbst bediente sich des gleichen Mittels, wenn er auszog, um sich von dem Stande der Dinge zu überzeugen oder selbst Mitverschworene zu gewinnen: er trug bald einen „schwarzen französischen Rock mit weißen Hosen", bald ein rothes, bald ein „ziegelfarb Kleid". Bis nach Heilbronn in Schwaben erstreckten sich seine Züge. Natürlich durfte dem Bunde auch eine Fahne nicht fehlen, denn „sobald sie das Fähnlein fliegen ließen, würden

---

[1]) In Schweinfurt war im nämlichen Jahre ein Aufstand der Ge=meinde wider den Rat und die Geschlechter. Liliencron a. a. O. III, 120.

[2]) Schreiber a. a. O. S. 49.

die Armen all auf ihre Partei fallen". Es war nicht leicht die Fahne zu beschaffen; zwei Maler weigerten sich den gefährlichen Bundschuh zu malen, erst ein dritter zu Heilbronn that dies, als Joß Fritz ihn durch eine erlogene Vorspiegelung zu überreden wußte.

Die Verschwörung verbreitete sich auf diese Weise außerordentlich rasch. Zu beiden Seiten des Rheins, im Kinzigthal, um den Kaiserstuhl, in der Markgrafschaft Baden, im Elsaß und besonders im Hochstift Straßburg waren zahlreiche Anhänger geworben worden, selbst bis nach Bretten hinab und nach Schwaben hinüber reichte das Bündnis. Die Bauerschaft, schrieb der Kaiser Maximilian dem Frankfurter Rat, wolle sich „den ganzen Rheinstrom ab mit Bündnus und Verstentnus gegeneinander wider die Geistlichkeit und den Adel zusammentuen".[1] Sogar ein Edelmann in der Nähe von Bretten gehörte dazu und es gab auch Geistliche, die um die Sache wußten.

Die Häupter des Bundes versammelten sich zur Nachtzeit auf der Hartmatte bei dem Dorfe Lehen. Die Versammlungen wurden immer zahlreicher besucht. Dort wurden die Bundesartikel festgesetzt und mitgeteilt und die Pläne für die Ausführung des Werkes beraten. In der Hitze der Diskussion verstieg sich die Phantasie zuweilen zu den seltsamsten Gedanken; man glaubte selbst den Kaiser für den Bund und sein Programm gewinnen zu können. Es wurde beschlossen, „kaiserliche Majestät, sobald der Haufe zusammenkommt, der gemeinen Gesellschaft Vorhaben zuzuschreiben und, sofern ihre Majestät den Bund nicht annehmen würde, zu den Schweizern[2] zu rücken."

> „Auch mainten sie in ihrem Bund zu haben
> Die Eidgenossenschaft[3] mit manchem wilden Knaben."

Ob diese Hoffnung auf das Reichsoberhaupt ernst gemeint war, läßt sich nicht mit Sicherheit annehmen. Möglicher Weise glaubten

---

[1] Frankfurter Reichscorresp. II, 897.

[2] In der Schweiz gährte es zur selben Zeit sehr stark unter dem Landvolk. Im Sommer d. J. 1513 erhoben sich die Bauerschaften in den Kantonen Bern, Luzern und Solothurn bewaffnet wider die Stadtherren. Zimmermann I, 57 ff.

[3] Pamphilus Gengenbach, Lied v. Bundschuh.

einzelne der Verschworenen unfehlbar an das Gelingen: sie
rühmten, daß „ihr Bundschuh bis gen Köln hinabging", ja
fabelten davon, daß durch „einen Bundschuh solt das heilig Grab
gewonnen werden." Vorerst war dazu noch keine Aussicht vor=
handen; zunächst mußte der erste Schritt zur That gemacht
werden. Im Oktober 1513 waren „alle Fäden" soweit gesponnen,
daß man dazu übergehen konnte. Welcher Stadt man sich be=
mächtigen wolle, war noch nicht festgesetzt. Freiburg, Breisach
oder Endingen waren in Aussicht genommen. Immer geschäftiger
wurden die Verschworenen. Bei ihrer großen Anzahl mußte durch
ihr Treiben eine unruhige Bewegung in der Bevölkerung hervor=
gerufen werden, welche den Obrigkeiten nicht entging. Zudem
hielten nicht alle ihr Schweigen, das sie geschworen hatten. Der Rat
der Stadt Freiburg war schon eingeweiht; er warnte die benachbarten
Stände und traf Vorkehrungen gegen einen unvermuteten Ueber=
fall. Diese Maßregeln erschütterten das Fundament des Bundes.
Bei einer Versammlung auf der Hartmatte, die in Abwesenheit
des Hauptmanns Joß Fritz abgehalten wurde, wagte die Mut=
losigkeit Einzelner schon den Vorschlag, den Handel ganz zu
unterdrücken. Während die Verschworenen zauderten und schwankten,
gingen ihre Gegner: die Stadt Freiburg, der Markgraf von
Baden, die kaiserliche Regierung zu Ensisheim mit Entschlossen=
heit vor. Der Rat von Freiburg entschloß sich zu einem kühnen
Handstreich; er schickte in nächtlicher Zeit 200 bewaffnete Bürger
nach Lehen, die sich der Rädelsführer bemächtigen sollten. Ein
Teil derselben, darunter auch der oberste Hauptmann Joß Fritz,
war nicht zu Hause, sei es zufällig oder daß sie heimlich ge=
warnt worden waren und sich in Sicherheit gebracht hatten. Die
übrigen wurden gefangen genommen und nach Freiburg gebracht.
Gleichzeitig ging auch der Markgraf von Baden gegen seine, der
Teilnahme verdächtigen Unterthanen vor. Die Gefangenen wurden
peinlich befragt und machten Aussagen, durch welche die hervor=
ragenden Mitglieder der Verschwörung bekannt wurden. Ueberall
fahndete man auf dieselben; bis in die Schweiz hinein verfolgte
man die Einzelnen. Der Rat von Basel bekam zwei in seine
Hände und ließ sich von Freiburg und der kaiserlichen Regierung
bewegen, sie zu enthaupten. In Schaffhausen wurden zwei andere

ergriffen und hingerichtet. Mit besonders großer Strenge ging der Rat von Freiburg gegen diejenigen vor, welche in seine Hände gefallen waren; augenscheinlich wollte man sich an ihnen für die Gefahr, in welcher die Stadt geschwebt hatte, bitter rächen und ein warnendes Exempel statuiren. „Alle — erzählt eine Frei= burger Chronik — wurden zum Tod verurteilt, viele in vier Teile zergliedert und aufgehenkt; andern aber aus Gnad der Kopf abgeschlagen."

Noch lange dauerten Nachspürung und Verfolgung fort. Der Eifer der Regierungen schien sich erst genug gethan zu haben, als auch der letzte Verdächtige bestraft und, wie sie glaubten, der Feuerbrand gründlich ausgelöscht war. Nur einer entkam allen Nachstellungen: Joß Fritz, die Seele der Verschwörung zu Lehen, war spurlos verschwunden. Es gelang nicht, ihn zu entdecken. „Der recht Hauptsächer entrann, Jopst Fritz, der's Fähnlein bei ihm hat[1])" — sagt ein Lied vom Bundschuh zu Lehen. In der That trug er das Fähnlein des Aufruhrs immer noch und wiederum auf geheimen Schleichwegen im Lande herum; man spürte ihn auf dem Schwarzwald und in der obern Schweiz mit seinen Gesellen noch Jahre lang.[2])

Der aufrührerische Sinn war überhaupt nicht mehr aus= zurotten. Die strengen Strafen fruchteten nichts. Seit der Bund gesprengt war, waren keine sechs Monate vergangen, als nicht sehr weit vom Breisgau in der Markgrafschaft Baden ein verwegener Bauer den Versuch machte Unruhen zu stiften[3]). In Bühl, südlich von Rastadt, suchte sich ein Bauer, Gugel= Bastian genannt, mit einigen Gesellen den Fronden zu entziehen, die sie ihrer Herrschaft zu leisten hatten. Wenn es auf Bastian angekommen wäre, so hätte er zweifellos einen Bundschuh auf= gerichtet. Der Anfang dazu wurde gemacht. „Plan, ihr Gesellen — rief er — ihr habt gehört und gesehen, wie ich mit dem Vogt geredet; nun will ich der arme Kunz sein." Die neuen Zölle auf Wein und Getreide, die Steigerung der Fronden, der

---

[1]) Liliencron a. a. O. III, 137.

[2]) Schreiber a. a. O. S. 121 f.

[3]) Schreiber a. a. O. S. 31.

Vogt, Vorgesch. d. Bauernkrieges. 9

unerträgliche Wildschaden, eine neue Erbordnung riefen auch in der Markgrafschaft Unzufriedenheit und Erbitterung hervor. Es waren acht beanstandete Punkte, unter denen die vornehmsten folgende sind: „So einem in seinem Weinberg ein Gewild schadet, soll er Macht haben, es zu scheuchen, zu schießen oder zu fangen, wie er's umbringen mag; und so er's umbringt, soll er's, ohne zu freveln, für sich selbst behalten dürfen, und nur, wann er will, dem Vogt davon verehren". „Die neue Erbordnung soll, da ein Ehegemahl das andere nicht erben soll, abgethan sein". „Die Gültbriefe, deren Zinse dem Hauptgut gleichgekommen, sollten abgethan sein". Auf einer Versammlung, welche Bastian im Juni 1514 in Bühl abhielt, waren von den Anwesenden diese Beschwerden und gemäßigten Forderungen gestellt worden. Man entschloß sich zum Versuch das Recht zu erwirken oder Gewalt zu brauchen. Schon plante der Führer dieser Ortenauer Bauern die Einberufung einer zweiten Versammlung. Allein die Regierung wußte um die Absicht. Markgraf Philipp schreckte durch einen reisigen Zug die Bauern und nahm einige derselben gefangen, während Bastian entkam. Aber nach einigen Wochen fiel er in die Hände der Freiburger, welche ihn enthaupten ließen, „weil er Auflauf und Conspiration gemacht". Während das Haupt des Gugel-Bastian zu Freiburg fiel, stand in Würtemberg der arme Konrad auf.

An Gefahr und Ausdehnung sollte alle bisherigen Erhebungsversuche in Deutschland der arme Konrad[1]) übertreffen, welcher im Jahre 1514 im Herzogtum Würtemberg aufkam. Dieser Ausdruck bedeutet die Besitzlosigkeit, die Armut: Konrad oder Kunz geht nicht auf eine historische Persönlichkeit.[2]) Mit dieser Selbstbenennung trotzten die „verdorbenen Leute" über ihre Armut den Besitzenden und Reichen gegenüber, um gegen sie alle gleichgestellten Elemente zum Kampfe herauszufordern. So wurde der arme Konrad oder Kunz durchaus ein communistisches Schlagwort, die Firma der communistischen Partei in Stadt und Land,

---

[1]) Stälin, Wirtemberg. Gesch. IV, 92—116. Zimmermann, Gesch. d. Bauernkrieges I, 51—111.

[2]) Vergleiche Ausdrücke, die noch heute gebräuchlich sind, wie reicher Kunz, guter Kerl, wo beides einfach Mensch oder Mann bedeutet.

welche den Reichen ihr Geld und Gut nehmen und unter sich austeilen wollte. Halb Scherz halb Ernst bestand diese Gesellschaft schon ziemlich lange; die ersten Spuren des armen Konrad führen bis zum Jahre 1503 zurück. Es waren liederliche Brüder, die bei Würfelspiel und Wein, wenn dazu ein Pfennig vorhanden war, sich über ihre Armut lustig machten, sich mit den Gütern, die sie „im Monde besaßen" oder mit ihren Aeckern und Weinbergen auf dem „Hungerberg", am „Bettelrain" oder in der „Fehlhalde" trösteten, aber doch leicht geneigt waren aus leichtsinnigem Scherz blutigen Ernst zu machen. Der Haß gegen die Reichen steckte als tiefer Stachel in ihren Herzen. Ihr Wunsch war doch: „Es müsse Gleichheit werden und die reichen Schelme müssen mit den Armen teilen." Mit dieser Gesellschaft mochte der geordnete Bauernstand keine Gemeinschaft haben, so lange ihm die Verhältnisse keinen zwingenden Grund zur Unzufriedenheit darboten; aber trat man sein Recht mit Füßen, wurde der Druck von oben immer stärker und unerträglicher, so bemächtigten sich, wie eben damals die Zeit war, selbst des soliden Bauernstandes leicht Bundschuh-Gedanken und -Gelüste. Diese Stimmung aber, wo sie sich zeigte, benützte der arme Kunz geschickt, er half einen Bundschuh aufrichten und spielte in der Verbrüderung eine hervorragende Rolle. Daß die an sich conservativen Bauerschaften so häufig der weit geringeren radikalen Partei als Beute zufielen, daran trugen die Herrschaften die meiste Schuld. In Würtemberg bewirkte eine verlotterte Beamtenwirtschaft und die Tyrannei eines gewissenlosen und verschwenderischen Fürsten, daß vom armen Kunz ein Bundschuh ins Leben gerufen wurde und von ihm sogar den Namen behielt.

Obwohl die Zeichen der Zeit den Herzog Ulrich mahnten, ein weises und gerechtes Regiment zu führen, vernachlässigte er seine Pflichten in jugendlichem Leichtsinn und Uebermut auf frevelhafte Weise. Die Regierung überließ er seinen Günstlingen, die sich im Amte schamlos bereicherten, Gewalt für Recht gehen ließen und „dem jungen mutwilligen Fürsten zu seinem Verderben zulugten und rieten, eignen Nutz und Gewalt suchend." Der Herzog, seufzte das Volk, lasse in Luxus und Glanz seinen Vorgänger weit hinter sich, der doch nach dem Ausspruche des

9*

Kaisers Maximilian solches Unwesen getrieben hätte, daß „davon zu reden erbärmlich wäre." Feste auf Feste folgten am Hofe: Bankette, Turniere, Fastnachtsspiele und Jagden. Fremde Sänger und Pfeifer, Jäger und Falkner, Pferde und Hunde kosteten ungeheure Summen. Zahlreiche und vornehme Gäste kehrten häufig beim Herzog ein und wurden verschwenderisch bewirtet. Wenn er selbst einen Reichstag oder einen fremden Hof besuchte, trat er mit einer Pracht auf, die weit über seine Kräfte ging. Als er im Jahre 1511 mit einer bayrischen Prinzessin Hochzeit hielt, dauerten die Festlichkeiten vierzehn Tage, in denen 7000 vornehme Gäste verschwenderisch beherbergt wurden: viele meinten damals, „man sollte mit diesen unmenschlichen Kosten ein ganzes Land verthan haben". Kriege, Leistungen für den Kaiser und Anforderungen seitens des schwäbischen Bundes kamen hinzu, so daß die Schuldenlast eine „überschwengliche" wurde. 300000 fl. hatte Ulrich angetreten, 600000 fl. eigener Schulden bis zum Jahre 1514 hinzugefügt.

Der üblen Wirtschaft ging eine freche Behandlung des Volkes durch das Heer der herzoglichen Günstlinge und Beamten zur Seite. Ihrer Willkür war Bürger und Bauer recht= und schutzlos preisgegeben. Die Aecker und Weinberge wurden von dem gehegten Wild verwüstet, die Eigentümer aber hart bestraft, wenn sie dasselbe mit Hunden zu verjagen oder gar zu schießen sich unterstanden. Die Gemeindenutzungen an Wald und Waide eigneten sich die fürstlichen Diener an und vergaben sie zu ihrem eigenen Vorteil. Die Forstmeister bestraften und plagten die Leute, wo und wie sie konnten. Das Recht war feil, die Richter bestechlich. „Was zwölf Jahre zuvor mit zwölf Pfennigen ge= richtet ward, kostete jetzt im Wege Rechtens über zehn Gulden." Die Verfassung mit ihren Freiheiten mißachtete der Herzog; er sah darin einen Raub an seiner fürstlichen Macht. Wie ein Despot des achtzehnten Jahrhunderts geberdete er sich; aber das Volk jener früheren Tage ertrug solche Tyrannei noch nicht mit der dumpfen Resignation der Nachkommen.

Nach zwölfjähriger Regierung hatte Herzog Ulrich nichts zu Stande gebracht als eine Schuldenlast von fast einer Million Gulden — eine ungeheure Summe für die damalige Zeit und ein so kleines Fürstentum. Ohne den Landtag einzuberufen und nur mit dem Rate der bedeutenderen Städte verhandelnd suchte der Herzog eine Vermögenssteuer — einen Pfennig von jedem Gulden für das Jahr — durchzusetzen. Der allgemeine Unwille zwang ihn darauf zu verzichten; er probierte es nun mit einer Lebensmittelsteuer auf Fleisch, Mehl und Wein. Durch Verkleinerung des Maßes und Gewichtes sollte dies ohne Preissteigerung erreicht werden; allein so thöricht waren die Schwaben nicht, daß sie diese Maßregel nicht nach ihrem vollem Wert geschätzt hätten. Schlechte Weinjahre, die vorausgegangen waren, erhöhten noch die Erbitterung. Das neue Maß und Gewicht wurde im Lande herumgeschickt und gab den Bewohnern des Remsthales zuerst Veranlassung, ihre Meinung unter der Maske eines Scherzes zu offenbaren. Der arme Konrad machte den Witz und gewann das Landvolk, dessen Unwille bis zum Ueberlaufen voll war, für sich. Den schwäbischen Bauern war der Geist nicht mehr fremd, welcher die Bauern am Rhein zu den geschilderten Erhebungsversuchen fortgerissen hatte. In Beutelsbach, von Schorndorf nicht weit entfernt, wohnte Gaispeter, der „eine sehr aufrührerische Zunge hatte, auf seinen Gütern aber viele Schulden", wie seine Gegner ihm nachsagten. Der rief durch Trommelschlag und Pfeifen am Ostersamstag des Jahres 1514 (15. April) die Dorfbewohner zusammen und schlug ihnen vor, das Recht der neuen Gewichte durch ein Gottesurteil, die Wasserprobe, zu prüfen. Die Zusammengelaufenen stimmten zu, holten die neuen Gewichte herbei und zogen, Gaispeter an ihrer Spitze, hinaus an die Rems. Der Führer warf die Gewichte in's Wasser, indem er sprach: „Haben wir Bauern recht, so fall' zu Boden; hat aber unser Herzog recht, so schwimm empor." Als wie natürlich das erstere geschah, jubelte die Menge: „Wir haben gewonnen." Gaispeter forderte nun alsbald zum Zuge nach Schorndorf auf und, ein Beweis, daß die Sache nicht unvorbereitet war, auch aus andern Dörfern zogen am nämlichen Abend noch vor Schorndorf bewaffnete Bauernschaaren, willens in die Stadt einzudringen. Aber die Thore waren versperrt und den Bauern gab man Brot und Wein, nicht ohne sie zu vertrösten, daß man ihre Beschwerden vor den Herzog bringen wolle. Sie

134

kehrten nach Hause zurück, scheinbar beruhigt; allein es war dem nicht so. Im Gegenteil, aller Orten wurde der arme Kunz orga= nifirt; der Boden zeigte sich über Erwarten unterwühlt. In Markgröningen predigte am Ostersonntag und an Jubilate (7. Mai) sogar der Stadtpfarrer im Geiste des gemeinen Mannes. Der Herzog und seine verhaßten Räte spürten und fürchteten die Ge= walt, welche noch im Dunkeln sich regte. Jener verweilte im kritischen Augenblick am hessischen Hofe, sah sich aber nach seiner Rückkehr veranlaßt, persönlich zu den Bauern im Remsthal zu reiten, das neue Maß und Gewicht wieder abzuschaffen und einen allgemeinen Landtag auszuschreiben, daneben freilich auch sich kriegerisch zu rüsten. So wenig vertrauensvoll sah man die Lage an, und mit Recht. Denn schon war es nicht mehr mit der Abschaffung übereilter Maßregeln gethan. Man wollte eine Aenderung des ganzen Regierungssystems und der unleidlichen Verhältnisse. Die Forderungen des bäuerlichen Bundschuhes vermischten sich mit den communistischen und socialen Hinterge= danken des armen Konrad; in der Erbitterung über das, was geschehen, flossen die beiden Strömungen zusammen. „Was ain angang (einen angeht), sol den andern auch angehen und ein= ander nit zu verlassen" schwur man gegenseitig.[1] Jagd, Wasser und Wald sollte freigegeben, der Druck der Abgaben und Fronen abgeschafft werden. Außerdem richtete sich aber die Bewegung in ihren radikaleren Elementen wider die Ehrbarkeiten d. h. die reichen Bürger in den Städten, wider die Regierung, den Herzog und seine drei Räte, den Kanzler Lamparter, den Erbmarschall von Thumb und den Landschreiber Lorcher. Man redete von einer Absetzung des Herzogs, falls er nicht nachgeben würde. Wenn der arme Konrad 20000 bis 30000 Mann umfasse, glaubte man sich stark genug mit dem Herzog ins Gericht zu gehen und darnach mit der Geistlichkeit. Man beabsichtigte dann, „durch das Land zu ziehen in Städt und Dörfer, dem Herzog Ulrich, den Mönchen, Pfaffen und Edelleuten das Ihre zu nehmen; und wer's ihnen nit mit Lieb gebe, dem wollten sie's mit Gewalt nehmen." Selbst auf das Leben des Landesfürsten sollte ein

---

[1] Sattler, Gesch. d. Herz. Würtemberg II. Abt. S. 170.

Anschlag gemacht werden. Im Hintergrund standen auch hier
die üppigsten Phantasieen des radikalen Communismus: „Alle
Dinge gemein machen; mit allen denen, so mehr denn sie haben,
mitessen, trinken (und) sonst teilen oder gar nehmen; die so es
nit dulden, zu tod schlagen."

Obwohl durch herzogliches Mandat Rottirungen aller Art
strenge verboten wurden, so besuchte doch das Volk aus weitem
Umkreise die Kirchweihen, so diejenige von Untertürckheim, (25. Mai)
und trug Gedanken und Pläne der Verbrüderung hinaus in das
Land. An vielen Orten stellten sich beherzte Führer an die
Spitze, ratschlagten in geheimen Zusammenkünften und vermehrten
täglich den armen Kunz. Im Mittelpunkt des Bundes stand
Schorndorf, wo im Hause des Genossen Pregizer, des armen
Konrad Kanzlei genannt, die Hauptmänner der ganzen Ver=
brüderung zusammenkamen und die Vorbereitungen trafen. Die
Untertürckheimer Kirchweihe war von ihnen als erster allgemeiner
Versammlungstag bestimmt worden. Die Anzahl der sogar von
weither gekommenen Gesinnungsgenossen bewies die rasche Ver=
breitung der Sache. Der erste Schritt, der beschlossen wurde,
war die Amtsstädte einzunehmen und den Vögten die Schlüssel
abzunehmen. Schnell folgte die That. In einzelnen Städten
wie in Calw, Backnang, gelang sie; in andern wie Urach, Waib=
lingen schlug sie fehl. Wie östlich von Stuttgart in Schorndorf,
so wurde nun auch westlich davon in Leonberg eine Kanzlei er=
richtet. An einzelnen Orten kam es zu sehr tumultuarischen Auf=
tritten; man hörte schon häufig böse Reden: „Die Reichen müssen
mit uns teilen; wir wollen einmal die großen Köpfe stechen. . . .
Jetzt haben wir das Schwert in der Hand, jetzt steht die Sonn
in unserem Zeichen; andere Rät, Amtleut, Schultheißen müssen
werden und nicht mehr die Suppenesser." „Der Herr ist kein
Nutz' und der Marschall wird reich." Fast überall wurden die
Vögte abgesetzt und dafür „bis auf den Landtag Verwalter und
Statthalter" verordnet; nur in Stuttgart und Tübingen glückten
diese Versuche nicht.

Soviel fühlten verständige Männer, daß zur Beruhigung
etwas geschehen müsse. In den Städten bei den Bürgern brach
sich diese Einsicht Bahn. Deshalb traten in Marbach Abgeord=

nete aus 14 Städten zusammen, um eine Vorlage für den bevorstehenden Landtag zu beraten, worin die hauptsächlichsten Beschwerden des Volkes niedergelegt wurden, sie hofften dadurch „dem unnützen Volk sein thöricht Fürnehmen mit ernstlichen Mitteln" niederzulegen. Dem Herzog fiel es schwer sich nachgiebig zu zeigen und den Landtag auf den 25. Juni einzuberufen. Allein die Not zwang ihn. Schon vorher schaffte er das Anstößigste in den Augen seines Volkes ab: das Rennhaus zu Marbach und die Fuggerei; seine zahlreichen Sänger entließ er. Außerdem suchte er sich allerdings im Geheimen die Hilfe des Kaisers und benachbarter Reichsstände zu sichern — für alle Fälle. Zum Landtag, der in Tübingen gehalten wurde, trafen kaiserliche und reichsständische Abgeordnete in großer Anzahl ein, was in mancher Hinsicht von Vorteil war. Die Ritterschaft des Landes erschien aus Besorgnis, Steuern übernehmen zu müssen, nicht. Es bestand somit die Landschaft nur aus Prälaten und den Städteabgeordneten; denn Vertreter der Bauerschaft wurden nicht zugelassen, weil es wider das Herkommen laufe. Dennoch hatten auch die Dörfer Abgeordnete geschickt, welche nun in Stuttgart bleiben mußten, aber ihre Beschwerden dem Landtag schriftlich einreichen durften. Die Landschaft selbst redete eine freimütige Sprache und hielt furchtlos dem Herzog und seiner Regierung ihr Sündenregister vor. Es kam ein Vergleich und infolge dessen „der Tübinger Vertrag" — die Grundsäule der würtembergischen Landesfreiheiten — zu Stande. Es ist nicht die Aufgabe, auf das Nähere hier einzugehen. Konnten sich die Städter im Großen und Ganzen mit dem Vertrag zufrieden geben, so sahen die Bauerschaften ihre Anliegen darin wenig oder gar nicht berücksichtigt. Der Widerspruch gegen dieses Verfahren erhob sich wieder laut. Auf dem Engelberg bei Leonberg lagerten sich 4000 Unzufriedene, und von allen Seiten erhielten sie Zufluß. Selbst manche Städte zeigten wenig Eile den Vertrag anzunehmen. Es waren unterdessen die letzten Tage des Monats Juli herangekommen, und Hilfsvölker zogen dem Herzog von der Pfalz, aus Baden und Würzburg zu. Die Remsthaler ließen sich dadurch nicht schrecken. Zu Tausenden waren sie vor Schorndorf zusammengelaufen und hatten trotz

des Verbotes ihre Waffen mitgebracht. Man muß gestehen,
daß der Herzog ein tapferes Herz hatte. Von seinem Kanzler
und Marschall begleitet, ritt er selbst in den Ring des aufgeregten
Bauernhaufens. Unliebe Reden, laute Klagen bekam er zu hören:
er soll sogar in Lebensgefahr gekommen sein, indem einer die
Büchse auf ihn anschlug. Die Bauern gaben nicht nach, und zu
ihnen gesellte sich ein Teil der Bewohner von Schorndorf.
Man zog auf den Kappelberg bei Beutelsbach mit klingendem
Spiele, wo im Bauernlager Hans Volmar das Amt des Hauptmanns innehatte und eifrig bemüht war, sich Zuzug auch aus
dem Gebiete anderer Herrschaften zu verschaffen. Es schien,
als ob nun die Waffen das letzte Wort zu sprechen hätten.
Mit der fremden Hilfe sammelte sich das Landesaufgebot dem
Kappelberg gegenüber; nur die Bauern, welche gehuldigt hatten,
verweigerten den Zuzug, weil ihr „Gemüt nicht stund wider
Brüder zu fechten". Noch einmal versuchten Abgeordnete von
Städten, den Sinn der Bauern von gewaltthätiger Handlung
abzubringen. Da zeigte sich doch, daß die Unzufriedenen nicht
alle Eines Sinnes waren. Die milder Gesinnten ließen sich
überzeugen, daß ein Vergleich besser sei als ein Krieg: und diese
Meinung trug den Sieg davon. Die Bauerschaft ergab sich
in die Gnade der Landschaft und erwartete heimziehend den
Ausgleichsspruch derselben. Er verdient wenig Lob, denn er
lief nur auf Zwang und Strafe hinaus. Stadt und Amt
Schorndorf sollte den Tübinger Vertrag, wider den sie sich
gesetzt hatten, beschwören, dem Herzog wurde die Befugnis
eingeräumt, diejenigen, welche sich nach dem genannten Vertrag
aufgelehnt hatten, vermöge seiner „Regalien" und „eines jeden
Verschulden" zu strafen. Das war Alles, für den Herzog genug
für die Bauern mehr als genug.

Mit einer großen Anzahl Reisiger und andern Kriegern
rückte er ungesäumt in das verhaßte Remsthal. Der Bauern-
hauptmann Volmar von Beutelsbach wurde gefangen genommen,
Schorndorf besetzt und das Landvolk des Remsthales auf den
Wasen vor der Stadt entboten. Der größere Teil desselben
durfte sofort ungestraft nach Hause zurückkehren. Ueber die
übrigen wurde ein strenges Strafgericht gehalten. Ohne Speise

und Trank ließ man sie in den heißen Augusttagen auf dem Wasen stehen; 46 wurden in Ketten gelegt. Die Gefängnisse faßten kaum die Menge der Verhafteten. Die „Bauernkanzlei" wurde bis auf den Grund niedergerissen, sonst in den Häusern Angeschuldigter geplündert. Am 7. August erschien der Herzog selbst mit einem stattlichen Gefolge. Auf den Knieen riefen die Schuldigen seine Gnade an. Viele wurden um Geld und mit dem Verluste ihrer Waffen gestraft, Volmar, sein Waibel und Fähnrich aber zum Tod verurteilt und auf dem Platze alsbald gerichtet. Ihnen folgten des andern Tages noch sieben und am dritten noch sechs Personen, welche in Stuttgart auf offenem Markte mit dem Richtbeil enthauptet wurden. Gar viele waren entflohen und fanden nach mancher Irrfahrt in der Schweiz eine Zuflucht: der Kaiser erklärte diese „Ausgetretenen" in Acht und Aberacht.

Ruhe und Frieden war äußerlich hergestellt; aber schwere Leiden brachen bald darauf über das Land wieder herein durch die Schuld des Herzogs, der für Pflicht und Recht wenig Sinn hatte. —

Weit entfernt von dem Schauplatz des armen Konrad regte sich gleichzeitig in Ungarn, in der windischen Mark, in Steiermark, Kärnthen und Krain derselbe Geist gegen die nämlichen Uebel der Gesellschaftsordnung.[1]) Schon 1514 erhoben sich in Ungarn die Hörigen und Leibeigenen gegen den hohen Adel. Es kam zu blutigen Kämpfen und schonungslosen Strafgerichten, in denen von den überwältigten Bauern an 60000(!) ihr Leben lassen mußten. 1503 und 1513 hatten bereits die windischen Bauern, „mit täglicher Schätzung und Schinderei" bedrängt, wider ihre Herren die Waffen ergriffen: umsonst. Aber schon im nächsten Jahr verbündeten sich die drei Landschaften Steiermark, Kärnthen und Krain — Deutsche und Slaven — zunächst auf friedlichem Wege ihre Sache zu führen: die „alte Gerechtigkeit" forderten jene, das „alte Recht" (strara pravda) diese. Aber statt zu hören, begegneten die Amtsleute den bittenden Land=

---

[1]) Zimmermann a. a. O. S. 113. Chmel, oester. Notizenbl. 1851. S. 111 f.

leuten mit grausamen Gewaltthaten. Da erschlugen die Bauern
einen Vogt und einen Pfleger und traten zu vielen Tausenden
in Waffen zusammen. Bevor sie losschlugen, fragten sie noch
einmal, ob man ihnen ihr altes Recht wieder geben werde. Man
einigte sich, dem Kaiser, der gerade in Augsburg weilte, durch
Boten von beiden Seiten die Sache vorzulegen. Dieser lieh den
Beschwerden der Bauerngesandten ein gnädiges Ohr und versprach ihnen Abhilfe und Wiederherstellung der alten Gerechtigkeit. In den Bergen war die Freude über diese frohe Botschaft
allgemein, aber sie sollte nicht lange währen. Noch ehe der
Kaiser kam und Ordnung machte, kehrte bei den Herren der
alte Uebermut wieder. Da bemächtigte sich eine unbeschreibliche
Wut des Bauernstandes: vom Frühling bis zum Herbst 1515
führten sie, getrennt in den drei Landschaften, ihren Rachekrieg;
in Krain insbesondere mit einer Unerbittlichkeit ohne Maß.
Viele Schlösser gingen in Flammen auf; auch Klöster wurden
nicht verschont. Wenn Edelleute in ihre Hände fielen, so wurden
sie ohne Erbarmen hingerichtet; selbst Frauen und Kinder fanden
keine Gnade: es war, als wollten die Bauern den Adel mit
Stumpf und Stiel ausrotten. Der Kaiser sah diesen Greueln
ruhig zu. Erst als die Bauern sich nicht begnügten, „die Schuldigen unter dem Adel zu strafen, sondern greulich gegen Jedermann tyrannisirten", da schritt er mit Heeresmacht ein. Sie
wurden von einem kaiserlichen Heer überfallen und furchtbar
gestraft. „Da that man nichts, denn in die Verjagten, Wehrlosen
hauen und stechen, und war ein solcher Jammer, daß alles er-
mordet ward, das man ankam", erzählt ein Chronist. Dies geschah hauptsächlich in Krain, wo der Bauernstand so vermindert
wurde, daß das Land an vielen Orten unbebaut liegen bleiben
mußte und verödete. In Steiermark und Kärnthen kamen die
Bauern besser davon, weil sie sich selbst nicht so großer Grausamkeit schuldig gemacht hatten; sie mußten zum ewigen Gedächtnis ihres Bundes eine jährliche Steuer von acht Pfennigen zahlen;
Bundpfennig wurde die neue, verhaßte Auflage genannt.

So endigten auch in den Bergen die Versuche des Landvolkes, seine alten Rechte wiederzuerlangen und die neuen Lasten
abzuwerfen, mit dem Siege der Herrschaften.

Rückblick und Ausblick.

Die Spannung dauerte fort, die Frage war ungelöst. Es blieben die Beschwerden und die haßerfüllten Gefühle des Land= volkes. Die Versuche eine Aenderung herbeizuführen waren zwar alle fehlgeschlagen; aber daß diese Versuche schon ausnahmlos zu blutigen Erhebungen geführt hatten, gewährte keine günstige Aussicht für die Zukunft. Wenn auch die Obrigkeiten, der Kaiser und die Landesherren, mit wachsamem Auge die Vorgänge in den unteren Volksschichten beobachteten und durch strenge Verbote vor Verführung und Ungehorsam warnten, so konnten sie doch nicht verhindern, daß die treibenden Elemente mit größerer Vorsicht im Geheimen thätig waren. Leute wie Joß Fritz standen von ihrem Beginnen nicht ab. Bald da bald dort tauchten solche unheimliche Gesellen auf oder hielten Versammlungen mit Ge= sinnungsgenossen ab, wie jene auf dem Kniebis im Schwarzwald im Jahre 1517. Schon der Umstand redete für sich selbst, daß man jener Leute nicht habhaft werden konnte. Es fand sich Niemand, der sie verriet. Auf den Kirchweihen, bei Hochzeiten, auf Märkten und in den Schenken, wo sie zusammenkamen, redeten die Bauern von ihrem Anliegen allezeit. Mit Selbst= gefühl, ja Trotz wagten sie aufzutreten; denn sie hofften viel und fürchteten wenig. Adel und Geistlichkeit war ihnen verhaßt und daß dieses Gefühl nicht erstarb, dafür wirkten nicht blos die täg= lichen Erfahrungen, sondern auch zahlreiche anonyme Flugblätter, welche unter das Volk geschleudert wurden und nicht dazu beitrugen, eine ruhigere Gesinnung aufkommen zu lassen. Der Haß war ihr Grundton und der Protest gegen das Bestehende ihr Inhalt.

„Sie poltern und pochen — schrieb ein solches Flugblatt[1] — viel auf ihre Herrlichkeit und Gewalt aus vermöge der Schrift, — aber wo bleiben hie die Wehrwölf, der Behemot Hauf mit ihrer Finanz, die eine neue Beschwerde über die andere auf arme Leut richten? . . . . In welchem Buch hat Gott ihr Herr

---

[1] Zimmermann a. a. O. S. 131.

ihnen solche Gewalt gegeben, daß wir Armen ihnen zu Frondienst
ihre Güter bauen müssen und zwar nur bei schönem Wetter,
aber bei Regenwetter unsrer Armut den erarbeiteten blutigen
Schweiß im Feld verderben lassen sollten? Gott mag in seiner
Gerechtigkeit dies greuliche babylonische Gefängnis nicht gedulden,
daß wir Armen also sollen vertrieben sein, ihre Wiesen abzu=
mähen und zu hauen, die Aecker zu bauen, den Flachs darin zu
säen, wieder herauszuraufen, zu riffeln, zu röseln, zu waschen,
zu brechen und zu spinnen, Erbsen zu klauben, Mohren und
Spargeln zu brechen. Hilf Gott, wo ist doch des Jammers je
erhört worden? Sie schätzen und reißen den Armen das Mark
aus den Beinen.... Dazu müssen wir Armen ihnen steuern,
zinsen und Gült geben, und soll der Arme nichts minder weder
Brod, Salz noch Schmalz daheim haben, mitsamt ihren Weibern
und kleinen unerzogenen Kindern. Wo bleiben hie die mit ihrem
Handlehen und Hauptrecht? Ja verflucht sei ihr Schandlehen
und Raubrecht. Wo bleiben hie die Tyrannen und Wütriche,
die ihnen selbst zueignen Steuer, Zoll und Umgeld, und das so
schändlich und lästerlich verthun .... und daß sich ja keiner
dawider rümpfe, oder gar flugs geht's mit ihm, als mit
einem verräterischen Buben, ans Pflöcken, Köpfen, Vierteilen.
.... Hat ihnen Gott solche Gewalt gegeben, in welchem Kappen=
zipfel steht doch das geschrieben? Ja ihre Gewalt ist von Gott,
aber doch so fern, daß sie des Teufels Söldner sind und Satanas
ihr Hauptmann."

Mit solchen aufreizenden Worten mußte die Kluft erweitert
werden, welche zwischen den Oberen und Unteren sich schon längst
aufgethan hatte. Gefühl= und teilnahmlos standen sie sich gegen=
über; ja es kam nicht selten vor, daß das Unglück des Einen
dem Andern sogar Freude machte, daß man in der Stunde der
Gefährdung des Lebens und des Eigentums des Nächsten das
Gefühl des Mitleids, den Antrieb der Hilfe unterdrückte. In
Bobingen, dem Bischof von Augsburg zugehörig und nur drei
Stunden von dieser Stadt entfernt, war im Jahre 1515 nach
der Ernte in einem Zehent=Stadel Feuer ausgebrochen. Als sein
Amtmann — so klagte der Bischof über seine Leute vor dem

schwäbischen Bund[1]) — die Bauern zum Löschen und zur Rettung aufgeboten habe, hätten sie sich nicht gerührt, sondern den Stadel und das Getreide und alles, was darin war, ruhig verbrennen lassen, seien mit untergeschlagenen Armen dabei gestanden, hätten zugesehen und ihr Gespött damit getrieben. In solcher und ähnlicher Weise machte sich der Haß Luft, gar manchmal äußerte er sich noch viel schlimmer. Mit Strafen, welche der schwäbische Bund als einziges Heilmittel dagegen verordnete, war nicht mehr zu helfen: sie schütteten Oel in das Feuer; denn sie zeigten, daß die Oberen in keinem Wege nachzugeben entschlossen seien. Die Strenge von oben nährte die Unbotmäßigkeit von unten und den Glauben, daß es Recht sei Gewalt mit Gewalt zu vertreiben. Daraus zog man den weiteren Schluß, daß das Bestehende einer gründlichen Umänderung unterworfen werden müsse. Mochten auch viele oder die meisten unter den südwestdeutschen Bauer=schaften — denn hier hatte der Geist seine Heimstätte im eigent=liche Sinne — sich mit dem Gedanken an eine Wiederherstellung der alten Markrechte befriedigen, so schloß sich doch an ihn mit einer Art Notwendigkeit die Hoffnung, dem ganzen Zustande ein Ende zu machen, der die Entfremdung dieser alten Rechte herbeigeführt hatte. Jede, auch die geringste Reform auf dem socialen Gebiet griff aber schon auf das politische und selbst das kirchliche Gebiet über. Denn Adel und Geistlichkeit, um deren Gewalt und Besitz es sich dabei handelte, waren zugleich auch politische und kirch=liche Faktoren. Es war daher ganz folgerichtig, wenn der Bund=schuh zu Lehen in seinem Programm die Aussicht eröffnet hatte, daß nur Kaiser und Papst als Obrigkeit übrig bleiben dürften. Auf welchem Wege dies geschehen sollte, wußte Niemand mit Bestimmtheit anzugeben; aber alle hatten das Gefühl, daß in letzter Instanz die Gewalt entscheiden werde und müsse. Nicht erst die Reformation, das Jahr 1517 mit dem, was ihm folgte, hat diese Fragen so zugespitzt; die Dinge standen auf diesem gefährlichen Punkt schon länger, unzweifelhaft aber schon seit dem Jahre 1513 und 1514.

---

[1]) Klüpfel, Urkunden z. Gesch. d. schwäb. Bundes S. 108.

Was die Astrologen aus den Sternen lasen und als eine Wirkung der Constellation mit Sicherheit prophezeiten, war im Grunde das lebendige Gefühl von dem Herannahen einer Katastrophe.[1] Schon 1480 wahrsagte Antonius Torquatus: „In diesen Zeiten werden viel und groß Aufruhr in deutschen Landen erwachsen. Die Bauern werden sich wider den Adel setzen." „Die Geistlichen (werden) gehaßt und verachtet werden von aller Welt." Grünbeck, ein Priester, Geheimschreiber und Astrolog des Kaisers Maximilian I., schreibt, es gehe die gemeine Sage, „daß St. Peters Schifflein zu diesen Zeiten soll an vielen Felsen der Ungefälle zerstoßen." Es werde kommen, daß „der minderste und verachtete Mensch nicht achten wird, seine Schuhe an der obersten Gewalt, sie sei geistlich oder weltlich, höchsten Zier zu säubern." Der Mathematiker Stöffler von Tübingen weissagte eine große Ueberschwemmung für das Jahr 1524: „Die Sterne drohen Veränderungen und Wandlungen in allen Gebieten, da dies ohne Zweifel auch unsere Sünden notwendig machen."

Zu diesen Prophezeiungen traten noch Wunder und Zeichen, welche da und dort geschahen und Schreckliches erwarten ließen. Am Himmel war eine Krone erschienen; drei große und grausame Wolken stießen mit einem erschrecklichen Sausen zusammen, worauf Hagel und Fallen von Steinen mit seltsamen Figuren, wie Kreuze, Monstranzen, folgte. Ein ander Mal fielen Steine vom Gewicht eines Pfundes, drei in Manneslänge (!) und wie Speere gestaltet vom Himmel. Oder die Leute wollten zwei mit einander streitende Heere am Himmel erblickt haben.

Alle diese Dinge waren Wirkungen der allgemeinen Stimmung und Ahnung. Die bestehende Ordnung in Gesellschaft, Staat und Kirche war bis in ihr innerstes Gefüge hin-

---

[1] Friedrich, Astrologie und Reformation. S. 58 ff. Daß die Astrologie eine bestimmende und bewirkende Ursache des Bauernkrieges sei, diese Behauptung scheint mir das Verhältnis umzukehren.

144

ein erschüttert; man spürte, wie der Boden wankte und bebte. Da trat der Wittenberger Mönch auf und lenkte die Aufmerksamkeit der Nation, ja der christlichen Welt plötzlich auf den einen Punkt der kirchlichen Frage. Durch die kirchliche Reformbewegung ist jene drohende Katastrophe für einige Jahre verschoben, aufgehalten worden; ob sie dadurch auch abgewendet werden konnte, blieb fraglich.

Halle, Druck von Ehrhardt Karras.

20